KTA 대한태권도협회 KTA 도장지원 사업 교육과정 아홉 번째 교재 **9**

KTA 태권도장 상담매뉴얼
KTA TAEKWONDO ACADEMY COUNSELING MANUAL

■ 저자 | 진재성, 정문자, 박한섭, 고상현
김윤희, 천성민, 김병준, 이유나
■ 프로젝트 매니저 | 이종천

"도장경영을 위한 지도자들의 상담 필독서"

- 도장등록, 수련 프로그램, 교육효과, 심사 및 대회, 갈등과 수련생 부상, 차량 운행, 휴관 및 퇴관 등과 관련된 상담 원칙과 실제 상담에 효과적으로 적용할 수 있는 권장 상담법 수록.
- 상담을 위한 준비사항과 각종 안내자료와 홍보자료 예시 제공.
- 전화상담과 방문상담의 절차와 상세 방법 제시.

도서출판 상아기획

KTA 태권도장 상담 매뉴얼
KTA Taekwondo Academy Counseling Manual

저   자 | 진재성, 정문자, 박한섭, 고상현, 김윤희, 천성민, 김병준, 이유나
프로젝트 매니저 | 이종천

초판발행 | 2019년 10월 10일

발 행 인 | 문상필
표지디자인 | 이태진
편집디자인 | 이한솔
삽   화 | 장경봉
표 지 모 델 | 김진선, 김혜은

펴 낸 곳 | 상아기획
출판등록번호 | 제318-1997-000041호
주   소 | 서울시 영등포구 경인로 82길 3-4 (문래동 1가 센터플러스 715호)
대표전화 | 02-2164-2700
팩   스 | 02-6499-8864
홈 페 이 지 | www.tkdsanga.com
이 메 일 | 0221642700@daum.net
인   쇄 | (주)명진씨엔피

가격 22,500원

ISBN   979-11-86196-14-4   13690

ⓒ 저작권은 저자에게 있습니다. 저자와 합의해 인지는 생략합니다.
* 잘못 만들어진 책은 구입하신 서점에서 교환해 드립니다.

Printed in KOREA

KTA 태권도장 상담 매뉴얼
KTA Taekwondo Academy Counseling Manual

목차 Contents

추천사 · 10
서문 · 11

1장. 상담 이론과 기법 · 15

01. 태권도 지도자의 상담 16

02. 상담이론 18
1) 특성요인 상담 19
2) 인간중심 상담 20
3) 행동주의 상담 20
4) 개인 심리상담 21
5) 합리적 정서적 상담 22
6) 현실 상담 23

03. 상담기법 24
1) 경청 26
2) 공감 26
3) 수용적 태도 27
4) 명료화 28
5) 안심시키기 29
6) 반영 29
7) 바꾸어 말하기 30
8) 칭찬하기 31
9) 자기 개방화 32
10) 진정성 33
11) 정보제공 33

12) 요약 34
13) 직접적 안내 35
14) 직면 36

04. 상황별 상담 프로세스 37
1) 도장으로 불만을 제기할 때 37
2) 도장에 요구사항을 이야기할 때 38
3) 해결이 필요한 사항에 대해 호소할 때 39
4) 도장에서 가정(수련생·부모)으로 전달사항을 전달할 때 40

2장. 상담 준비 ·41

01. 상담 전 준비사항 42
1) 등록상담 기록지 43
2) 도장 소개 자료 45
3) 모바일 SNS를 통한 도장 안내 및 홍보자료 47
4) 도장 등록원서 48
5) 도장 상담 환경 51
6) 기타 53

02. 전화상담 56
1) 전화상담의 중요성 56
2) 도장에서 전화하는 경우 56
3) 부모가 상담을 요청하는 경우 57
4) 전화상담 절차 58
5) 전화통화 방법 60

목차 Contents

03. 방문상담 62
　　1) 전화상담 기록지 활용 62
　　2) 첫인상 만들기 62
　　3) 방문상담의 기본 원리 64
　　4) 방문 상담 절차 67
　　5) 부모와 함께 온 예비수련생 관리 70
　　6) 지도자의 태도 73

04. 등록 후 안내절차 74
　　1) 수련 1일 차 74
　　2) 수련 3일 차 77
　　3) 수련 7일 차 77
　　4) 수련 15일 차 78
　　5) 수련 30일 차 79

3장. 도장 상담 매뉴얼 ·83

01. 도장등록 84
　　1) 전화연결 84
　　2) 방문 등록 상담 90
　　3) 수련비 96
　　4) 자주하는 걱정거리 103
　　5) 등록 결정 및 보류 111

02. 수련 프로그램 116
　　1) 수련안내 116
　　2) 수련변경 (부모 요구) 118
　　3) 수련시간 변경 (지도자 요구) 123

03. 수련 효과 126
　　1) 신체적 수련 효과 126
　　2) 성격 또는 행동문제 132
　　3) 교육요청 137

04. 심사 및 대회 141
　　1) 승급심사 141
　　2) 승품·단 심사 147
　　3) 대회출전 153

05. 구성원 간의 갈등과 수련생 부상 159
　　1) 수련생 간의 갈등 상황 159
　　2) 부상에 관한 안내 163

06. 차량운행 169
　　1) 차량운행 변경 169
　　2) 차량운행 불만 173

07. 휴관·퇴관 177
　　1) 휴관 177
　　2) 퇴관 182

4장. 도장 상담 핵심정리 ·189

01. 도장등록 상담 핵심 질문과 답변 190
　　1) 등록 상담 190
　　2) 수련비 관련 192

3) 자주하는 걱정거리 193
4) 등록결정 및 보류 194

02. 수련 프로그램 상담 핵심 질문과 답변 195
   1) 수련안내 195
   2) 수련변경(부모 요구) 195
   3) 수련시간 변경(지도자 요구) 196

03. 수련효과 상담 핵심 질문과 답변 197
   1) 신체적 수련효과 197
   2) 성격 또는 행동문제 197
   3) 교육요청 198

04. 심사 및 대회 상담 핵심 질문과 답변 199
   1) 승급심사 199
   2) 승품·단 심사 200
   3) 대회출전 201

05. 구성원 간의 갈등과 수련생 부상 상담 핵심 질문과 답변 202
   1) 수련생 간의 갈등 상황 202
   2) 부상에 관한 안내 203

06. 차량운행 상담 핵심 질문과 답변 205
   1) 차량운행 변경 205
   2) 차량운행 불만 205

07. 휴관·퇴관 상담 핵심 질문과 답변 207
   1) 휴관 207
   2) 퇴관 208

상담 활용자료 목차

주요 상담기법 25
상담 전 준비사항 42
상담기록지 44
도장 소개 자료, KTA 제공 46
도장등록원서 -앞면 49
도장 청소 체크리스트 52
재치가 있는 메뉴판 예시 55
태권도장 체험권 예시 69
첫날 수련 후 전달 문자 또는 메시지 문구 예 76
7일차 수련 후 전달 문자 또는 메시지 문구 예 77
첫 띠갈이 안내문 80
수련진행표 예 81
대한태권도협회 교육과정표 (2020년 적용 예정) 94
언론 또는 연구 자료 제시 예시 184

1장 참고문헌 ·210

추천사 Recommendation

 2007년부터 전국의 태권도장 활성화를 위한 목적으로 대한태권도협회에서 진행해 온 도장 지원 사업이 올해로 13년째를 맞이하고 있습니다. 이러한 대한태권도협회 도장지원사업의 지속성은 일선 도장 지도자들에게 크고 작은 도움을 주고 태권도장 교육의 올바른 방향을 제시하여 태권도장의 건강한 성장에 긍정적인 영향을 주고 있으며 특히 KTA 도장 지원 사업 교육과정 교재의 출판은 일선 도장 지도자들의 실기지도에 단비와 같은 역할을 톡톡히 해주고 있다는 평가도 가끔 듣습니다.

지난 8권의 교재가 실기 위주의 교재였다면 이번 9번째 출판되는 'KTA 도장 상담 매뉴얼'은 태권도장 상담에 필요한 교재로서 그 의미가 남다르다 할 수 있습니다. 태권도장에서 진행되는 상담은 도장 성장을 위해서 지도자가 반드시 갖추어야 할 덕목이라고 생각합니다. 태권도장 지도진과 예비수련생, 부모님과의 첫 대면은 태권도장과 지도진에 대한 첫인상으로 오래 남을 수 있으며, 이는 곧 신규 수련생의 등록 여부를 결정하는 첫 단추이자 도장 홍보를 위한 가장 좋은 타이밍이라고 봅니다. 아울러 등록 이후 지속적인 수련여부를 결정짓는 계기로 작용하여 장기 수련생 유지에 중요한 열쇠가 된다고 생각됩니다.

태권도장은 학교 밖의 교육 공간이면서 인성지도를 맡은 상담 공간의 역할을 수행해 왔습니다. 이번 상담 매뉴얼의 발간은 태권도장에서 이루어지는 다양한 상담 요구에 잘 부응할 것으로 기대합니다.

2019년 10월
대한민국태권도협회 회장 최 창 신

서문 Preface

2007년부터 전국의 태권도장 활성화를 위한 목적으로 대한태권도협회에서 진행해 온 도장 지원 사업이 올해로 13년째를 맞이하고 있다. 이러한 대한태권도협회 도장 지원사업의 지속성은 일선 도장 지도자들에게 크고 작은 도움을 주고 태권도장 교육의 올바른 방향을 제시하여 태권도장의 건강한 성장에 긍정적인 영향을 주고 있으며, 특히 KTA 도장 지원 사업 교육과정 교재의 출판은 일선 도장 지도자들의 실기지도에 단비와 같은 역할을 톡톡히 해주고 있다.

지난 8권의 교재가 실기 위주의 교재였다면 이번 9번째 출판되는 'KTA 도장 상담 매뉴얼'은 태권도장 경영에 필요한 첫 번째 교재로서 그 의미가 남다르다 할 수 있다. 태권도장에서 진행되는 상담은 도장 성장을 위해서 지도자가 반드시 갖추어야 할 덕목이라고 생각한다. 태권도장 지도진과 예비수련생, 부모님의 첫 만남으로 태권도장과 지도진에 대한 첫인상으로 각인될 수 있으며, 이는 곧 신규 수련생의 등록 여부를 결정하는 첫 단추이자 도장 홍보를 위한 가장 좋은 타이밍이다. 아울러 등록 이후 지속적인 수련의 결정적인 계기로 작용하여 장기 수련생 유지에 많은 도움이 된다.

태권도장 현장에서 수련생들을 지도하는 지도자에게는 수련생들의 기능향상에만 초점을 맞추는 교육자로서의 해야 할 역할뿐 아니라, 태권도장의 원활한 운영을 위한 능력 있는 상담자로서의 역량도 필요로 한다. 즉 태권도 지도자들이 진행하는 상담은 지도자의 경영철학이나 교육철학을 부모님들에게 전달할 수 있으므로 상담이론을 토대로 진행되는 것이 바람직하다. 하지만 현재 태권도장의 상황을 살펴보면, 체계화된 상담 매뉴얼을 통한 상담이 이루어지기보다는 지도자들의 개인적인 경험을 토대로 상담이 이루어지고 있는 경우가 많다. 따라서 태권도장에서 일어날 수 있는 다양

서문 Preface

한 상황에 따른 바람직한 상담원칙과 방법을 태권도 지도자들에게 제시하고자 한다. 1장에서는 태권도 지도자들이 꼭 알아야 할 상담 관련 이론과 기법에 관해 서술하였다.

지도자들은 풍부한 경험과 노하우로 자기 생각과 의견을 조리 있게 말하고 표현할 수 있다. 하지만 말을 잘하는 것과 상담을 잘하는 것은 전혀 다른 의미이다. 따라서 1장에서는 말을 잘하는 것보다 상담을 잘하기 위해 꼭 필요한 기본 지식을 전달하고자 노력하였다.

2장에서는 태권도장 성장의 첫 단추인 등록 상담과 관련된 상담 준비에 관해 서술하였다. 등록 상담 전 준비 되어 있어야 할 도장의 환경, 사무실 환경, 상담에 필요한 각종 서류 양식 등에 대해 현실적이고 구체적인 내용을 안내하고 있으며 부모님과 지도진의 첫 번째 접점인 전화 상담, 태권도장과 지도진에 대해 첫인상을 좌우하는 방문 상담, 등록 후 안내 절차에 관한 프로세스를 이해할 수 있다.

3장은 이 책의 가장 핵심적인 부분으로 태권도장에서 흔하게 발생하는 여러 상담 유형을 1장의 상담기법을 적용해 매뉴얼화한 것으로 ① 도장등록, ② 수련 프로그램, ③ 교육 효과, ④ 심사 및 대회, ⑤ 구성원 간의 갈등과 수련생 부상, ⑥ 차량운행, ⑦ 휴관·퇴관과 관련된 상담내용으로 태권도장에서 가장 많이 발생하는 상담 내용을 '권장 상담방법'과 '비 권장 상담방법'으로 나누어 제시하였다. '권장 상담방법'은 교육학, 심리학, 상담학 등에서 이미 검증되어 사용되고 있는 여러 이론과 기법에 기반을 두었으며 '비 권장 상담방법'은 태권도장에서 지도자들이 습관적, 무의식적으로 사용하여 부정적인 영향을 미칠 수 있는 언어들로 구성하였다.

4장은 책에 제시된 상담 이론과 기법, 상담 준비, 매뉴얼화 된 상담을 종합한 간단한 절차로 ① 도장등록 상담 진행, ② 부모·수련생의 불만제기 상담 진행, ③ 요구사항 상담 진행, ④ 호소문제 상담 진행, ⑤ 전달사항 상담 진행, ⑥ 휴관·퇴관 상담 진행으로 구성하였다.

본 책에서 제시된 상담영역은 전국 태권도장 지도자들의 의견을 분석하여 구성되었으며, 각 영역별 '권장 상담기법'은 실제 바람직한 상담을 진행하고 있다고 평가받는 태권도장 4곳의 상담기법을 각 상황 범주에 맞게 재분류한 것이다. 제시된 '권장 상담기법' 사례는 이미 실제 도장에서 사용 중인 방법들이기 때문에 태권도장에서도 즉시 적용이 가능할 것으로 생각된다.

이전에 발간된 KTA 인성 교육, KTA 코칭 언어가 태권도 지도자들의 의식개혁과 수련문화에 큰 영향을 미쳤듯이 이 책자가 일선 태권도장의 홍보와 수련생 유치, 수련생과 부모, 지도자 간의 의사소통 등 표준화된 상담 실천에 긍정적인 영향을 줄 수 있기를 기대해 본다.

끝으로, 이 책이 세상의 빛을 볼 수 있도록 많은 도움을 주신 문상필 애니빅 사장님께 진심으로 감사의 마음을 전한다.

2019년 10월
저자 일동

KTA 태권도장 상담 매뉴얼
KTA Taekwondo Academy Counseling Manual

1장.
상담 이론과 기법

본 장에 제시된 상담이론과 기법은 상담을 진행하기에 앞서 갖추어야 할 가장 기본적인 내용이다. 기본 이론들을 정확히 숙지하고 자신의 지도철학과 상황에 맞는 상담 이론을 선택하는 것이 권장된다. 따라서 본 장에서는 핵심 상담이론과 상담기법, 상황별 상담 프로세스에 대해 안내한다.

1장 상담 이론과 기법

01. 태권도 지도자의 상담

　도장에서의 상담은 수련생·부모와 지도자 간의 의사소통 과정임과 동시에 수련생·부모의 문제 해결 및 교육 서비스 제공을 위한 전문성과 신뢰성을 갖춘 문제 해결 통로이다. 상담이란 기본적인 의사소통의 과정이며, 비언어적 의사소통과 언어적 의사소통으로 이루어져 있다는 특징이 있다. 비언어적 의사소통이란 몸짓, 동작, 얼굴 표정, 행동, 자세 등으로 표현하는 것을 말하며, 언어적 의사소통은 말이나 글로 자기 생각이나 감정을 전달하는 것을 말한다.

　상담은 전문성을 갖춘 상담자가 내담자의 문제 해결을 돕는 것으로 내담자와 상담자 간의 신뢰 분위기 속에 진행되어야 한다. 태권도 도장 상담을 예를 들면, 내담자는 입관 전의 원생, 수련생·부모가 될 수 있으며, 상담자는 태권도 지도자가 이에 해당할 수 있다. 즉, 태권도 도장에서의 상담은 다양한 도장 상담 상황에 맞는 상담이론과 기법을 토대로 한 지도자의 대처가 가장 중요하다. 그러나 대부분 지도자는 본인이 그동안 경험했던 내용에 근거하여 상담을 진행하는 경우가 많다. 이는 태권도 지도자들을 대상으로 한 체계적인 상담 교육이나 매뉴얼 등의 환경이 잘 갖추어지지 않았다는 현실에서 그 이유를 찾을 수 있다.

　도장은 수련의 장인 동시에 수련생 교육과 부모 상담의 장이기도 하다. 따라서 태권도 지도자들이 느끼는 도장 상담의 중요성과 필요성에 대한 요구는 계속 증대되고 있다. 도장에서 이루어지는 상담은 입관 여부를 결정하는 첫 단추이자 지속 수련(장기수련)의 결정적 계기로 작용한다. 도장에서 이루어지는 상담은 대부분 입관 전의 원생, 수련생, 부모를 상대로 이루어진다. 주 내용으로는 도장등록(입관)부터 수련비 관련, 수련 프로그램, 수련 효과, 차량운행, 다툼 및 부상, 심사, 대회, 휴관 · 퇴관 등의 도장 생활 전반에 대해 진행된다. 즉, 도장에서의 상담은 원생 유치와 도장 홍보를 위한 수단뿐만 아니라 수련생과 부모, 지도자 사이의 원활한 의사소통과 요구 · 요청사항에 대한 피드백 제공, 특정 문제 해결의 주요 수단이다. 더 나아가 수련생의 올바른 수련과 성장을 도모하는 데 필요한 수단이다.

따라서 태권도 도장에서 이루어지는 상담은 일상적으로 이루어지는 서비스업에서의 상담과는 차이점이 점이 있으며, 각 지도자의 특성이 반영된 도장 상담이 진행되어야 한다. 그러므로 태권도 현장에서 수련생을 지도하는 지도자들은 수련생들의 수행 향상이나 태권도를 통한 인격도모 및 올바른 성장을 위한 교육자로서 해야 할 역할뿐만 아니라 도장의 원활한 운영과 수련생 · 부모와의 원활한 의사소통을 위한 좋은 상담사로서의 역량이 있어야 한다.

상담은 주로 언어를 통해 이루어지기 때문에 상담자는 내담자를 돕는 언어를 구사할 수 있는 상담기술을 가지고 있어야 하며, 자신이 가지고 있는 상담 기술을 적절하게 구사하는 것이 중요하다. 교육자로서 태권도 지도자에게 교육 철학과 가치관이 중요하듯 상담 전문가의 역할을 수행해야만 하는 태권도 지도자에게 상담 철학과 같은 상담이론 역시 중요하다. 따라서 도장에서 상담을 진행하는 지도자들은 자신들의 철학을 내담자에게 효과적으로 전달할 수 있는 상담이론이나 기법에 대한 여러 가지 지식이 필요하다.

한편, 상담학에서 검증된 상담이론과 기법을 토대로 도장 상담이 진행될 경우 도장 선택을 위한 강점에 대한 정보전달을 통해 도장 선택을 위한 결정적인 역할을 하는 동시에 수련생과 부모의 도장 만족을 높일 수 있다. 또한, 도장 상담 개선으로 상담의 효율성 증진, 도장 이미지 향상, 신규 등록 및 재등록 비율의 향상으로 인한 경영 환경 개선의 효과를 기대할 수 있다. 즉, 지도자가 자신에게 맞는 상담이론과 기법을 지니고 있을 때 상담의 효율성을 높일 수 있으며, 효과적으로 상담 목표를 달성할 수 있다.

따라서 본 태권도 도장 상담 매뉴얼은 전국 태권도 지도자들을 대상으로 실제 도장에서 주로 진행되는 상담 상황이나 지도자들이 교육받고자 하는 상담상황에 대하여 요구 조사를 하였고, 이를 범주화하여 태권도 도장에서 주로 발생하는 상담상황에서의 구체적인 상담이론과 기법을 소개하였다. 구체적으로 상담이론은 지도자 스스로 자신의 교육 철학과 본인의 가치관에 맞는 이론을 알아보고 선택할 수 있도록 제시하였으며, 각 상황별 권장 상담 기법은 교육학, 심리학, 상담학 등에서 이미 검증되어 사용되는 여러 기법에 근거하여(표 1) 각 상담 상황에 맞추어 사용할 수 있도록 활용예시와 프로세스를 함께 제시하였다.

02. 상담이론

상담은 인간의 변화와 성장을 위한 활동이다(노안영, 2018). 그렇기에 지식과 이론을 바탕으로 중립적 상태에서 임해야 하며, 신념과 태도가 확고해야 한다. 상담이론이란 인간의 행동을 이해하고 변화를 예측하는 데 도움을 주는 이론들로 여러 학자에 의해 개발되었고, 상담현장에서 효과가 검증된 접근방식을 말한다. 기존에 알려진 상담이론들은 내담자의 변화를 이끌어 내는 데 효과가 있다고 입증된 이론들이기 때문에 태권도 도장의 지도자들은 자신의 상담방식을 고려하여, 검증된 상담이론들을 선택적으로 적용하고, 자신만의 상담이론을 구축하는 것이 필요하다. 즉, 상담을 진행하게 될 지도자 본인의 성격이나 인생관, 지도 철학에 부합하는 상담이론을 기틀로 상담을 진행하는 것이 권장된다.

특히, 태권도 현장의 지도자들은 수련생 교육을 위한 교육자의 역할뿐만 아니라, 원활한 도장 운영과 수련생·부모의 불편 및 문제 해결을 위한 전문 상담사로서의 역량을 갖추어야 한다. 따라서 태권도 지도자들이 진행하는 상담은 도장의 경영철학과 교육철학을 전달할 수 있는 기회로 작용하기 때문에 상담이론을 토대로 진행되어야 한다. 이처럼 태권도 지도자는 상담 전문가의 역할을 수행해야 하므로 상담이론을 토대로 자신만의 상담 철학을 가져야 한다. 이때 상담이론을 바탕으로 한 자신만의 상담철학은 문제를 해결하기 위한 큰 틀로 작용하게 된다.

지도 철학과 본인의 신념에 맞는 상담이론은 상담상황뿐만 아니라 지도자 본인의 삶에 대한 태도와 가치관의 중점이 될 수 있다. 따라서 앞서 말한 바와 같이 지도자들은 도장 상담 시 자신만의 상담이론을 개발하여 사용할 수 있다. 자신만의 상담이론이 개발될 경우, 상담에 대한 자신감이 높아질 수 있으며, 이러한 태도는 수련생·부모로 하여금 도장에 대한 만족도 향상에 도움을 주게 된다. 또한, 현장에서 습득한 경험적 지식과 검증된 이론의 결합은 태권도 지도자들에게 진취적인 상담 자세를 갖추는 데 도움을 줄 수 있다.

1) 특성요인 상담

(1) 개념

Parsons(1909)가 처음 주장하고, Williamson과 Biggs(1979)가 발전시킨 특성요인 상담은 기본적으로 인간은 선과 악의 잠재력을 동시에 지니고 있기 때문에 교육이 필요함을 전제로 하고 있다. 따라서 인간이 이성적인 능력을 키워 선을 실현할 수 있도록 하기 위하여 바람직한 행동을 학습시키는 것을 목표로 한다. 특성요인 상담을 위해서는 분석(내담자에 관한 각종 자료를 수집하거나 개인의 특성을 파악), 종합(수집된 자료를 종합하여 내담자의 특성을 이해), 진단(내담자가 자기고 있는 문제를 파악), 예후(개인이 지니고 있는 문제가 앞으로 어떻게 작용할 것인가를 예측), 상담(문제를 해결하기 위한 대안 중 가장 좋은 것을 선택하여 대책 마련을 도움), 추후상담(상담이 종료된 후 다시 문제가 생겼을 때, 상담의 효과를 확인)이라는 6단계를 거치게 된다.

(2) 활용 방안

태권도 상담 진행 시 특성요인 상담이론에 근거하여 수련생이나 학부모가 가지고 있는 특성을 파악하려는 노력을 실시한다. 수련생이나 학부모의 특성을 먼저 파악한 이후 긍정적인 관계를 형성하여, 수련생이나 학부모가 제기하는 문제를 파악한다. 마지막으로 문제 해결을 위한 목표를 설정하고, 여러 가지 방법을 적용한다.

2) 인간중심 상담

(1) 개념

Rogers(1951)가 제안한 인간중심 상담은 인간은 자발적인 자각으로 문제 해결이 가능하다는 믿음이 기초가 되어 내담자 자신이 문제점을 자각하고 그 문제를 스스로 해결할 수 있음을 강조한다. 즉, 내담자에게 스스로가 가지고 있는 왜곡된 측면을 탐색하게 하고, 자기 자신이 긍정적인 변화를 끌어낼 수 있는 존재임을 신뢰하게 만들어 주는 것이 인간중심 상담의 핵심요인이라고 할 수 있다. 따라서 상담자는 내담자에게 자기 일치의 자세(진정성과 진실성을 갖고 순수한 마음으로 내담자를 상대)를 갖고 무조건적인 긍정적 관심과 수용(내담자의 있는 그대로의 모습을 받아들이기), 공감적 이해(내담자가 경험하는 내용을 같이 공감하며, 내담자를 진심으로 이해하고 있음을 전달)를 실시하는 것이 중요하다.

(2) 활용방안

태권도 도장에서 주로 진행되거나, 태권도 지도자들이 대처하기 어려운 상담 내용 중 대부분은 내담자가 지니고 있는 걱정이나 불만사항에 대한 내용이다. 인간중심의 상담방법에 기초하여 깊은 공감, 관심과 수용의 자세로 내담자를 대하면 내담자는 상담자가 자기 생각에 깊게 공감하고 있음을 느낄 수 있고, 내담자 스스로 자기 대한 이해와 수용의 단계를 거쳐 보다 성숙해지고 자신의 모습을 되돌아보게 만들 수 있다.

3) 행동주의 상담

(1) 개념

Skinner(1938)는 행동주의 상담과 관련하여 인간은 중립적인 존재로 환경의 영향을 많이 받으며, 인간의 행동이 학습의 산물임을 강조한다. 이러한 행동은 강화나 처벌로 변화가 가능하기 때문에 부정적인 행동을 제거하고 긍정적인 행동은 학습을 통해 발전시켜야 한다고 주장한다. 행동주의 상담은 불안감과 같은 부정적 요인을 제거하거나 도구적 학습을 통해 여러 가지 결정기술을 습득할 수 있게 도와줄 수 있으며, 집단을 대상으로 할 경우엔 생산적인 행동이나 바람직한 인간관계의 증진을 목표로 하기도 한다. 따라서 체계적 둔감법이나 이완법, 강화기법, 역할연습 등을 활용하는 것이 내담자의 행동을 수정하는 데 효과적이다.

(2) 활용방안

인간의 행동은 강화나 처벌로 변화가 가능하다는 것을 인지하고, 내담자의 행동을 긍정적으로 변화시켜 줄 수 있는 적절한 강화방법을 고안해 내는 것이 좋다. 학부모가 자신의 자녀에 대한 불안감이 있는 경우 수련생에 대한 칭찬과 격려를 통해 그 불안감을 낮춰줄 수 있으며, 도장에 대한 무조건적인 불만을 제기하는 학부모에게는 역할연습을 활용하여 지도자의 입장에서 문제 상황을 바라볼 수 있도록 유도할 수도 있다.

4) 개인 심리상담

(1) 개념

Adler(1907)는 인간은 원래 선하며 모든 행동이 사회맥락에서 일어난다고 하였으며, 부적응적 행동패턴이나 이상행동이 개인의 열등감과 직접적으로 관련이 있다는 것을 전제로 하여 개인의 열등감을 극복하는 데 초점을 맞추었다. 따라서 개인 심리상담은 개인의 생활목표를 변화시켜 생활양식을 바꾸는 것을 목표로 하며, 현대적 상담체계에 강한 영향을 준 심리상담 영역이라고 할 수 있다. 개인 심리상담은 개인 심리상담의 경우 상담자와 내담자가 상호 합의된 목표를 향해 상호협력적인 관계를 유지하는 관계형성단계와 내담자의 생활양식을 이해하는 생활양식 탐색단계, 내담자의 생활양식이나 문제점들을 더 깊게 이해하는 통찰단계, 내담자의 행동을 변화시키기 위한 행동전환 단계로 구분되어 진행된다.

(2) 활용방안

도장에 상담을 요청하는 내담자가 보이는 부적응 행동이나 이상행동에 대한 원인을 해석, 통찰한 후 내담자가 가지고 있는 열등감을 새롭게 바꿀 수 있도록 유도한다. 이때 내담자의 생활양식이 지배형(자신의 주장이 강하고 공격적이며 적극적인 성향), 기생형(자신의 욕구 충족이 최우선이기 때문에 다른 사람들에게 의존), 회피형(실패에 대한 두려움으로 과제를 쉽게 포기), 사회형(심리적으로 건강한 사람) 중 어떠한 양식을 지녔는가를 빠르게 판단하면 그에 맞는 심리기법을 효과적으로 사용할 수 있다.

5) 합리적 정서적 상담

(1) 개념

Ellis(1973)는 인간은 합리적 사고와 행동뿐 아니라 비합리적 사고와 행동으로 오류를 많이 범한다고 주장하였으며, 합리적 정서적 상담을 진행할 때 내담자의 신념체계의 합리성과 타당성을 평가하고 자기패배적인 행동을 합리적이고 긍정적으로 바꿀 수 있도록 조언해줘야 함을 강조하고 있다. 따라서 합리적 정서적 상담을 진행할 때에는 다음의 순서를 기억하는 것이 좋다.

발생한 사건(Activation events) → 개인의 신념체계(Belief system) 확인 → 발생한 사건에 대한 부정적 정서반응(Consequence) 확인 → 비합리적 결과를 만들어내는 비합리적 신념에 대한 반박(Disqute) → 비합리적 신념을 반박한 효과(Effect) → 이전 단계를 통해 발생하는 긍정적인 감정이나 행동(Feelings)

(2) 활용방안

도장에서 상담 시 내담자가 비합리적인 신념에 따라 불만사항이나 문제를 제기하는 경우, 내담자가 제기하는 불만, 문제 상황에서의 합리적인 신념과 비합리적인 신념을 구분한다. 이후 비합리적인 신념이 가지고 올 수 있는 부정적 결과들에 대해 예시를 들어 설명한다. 또한, 비합리적인 신념을 통해 발생하는 부정적인 정서나 결과들을 내담자가 생각해 볼 수 있도록 유도한 후, 합리적인 신념을 통해 발생한 결과가 가져올 수 있는 긍정적 감정이나 행동을 판단할 수 있도록 유도하는 것이 효과적일 수 있다.

6) 현실 상담

(1) 개념

Glasser(1998)는 인간은 자기 결정적인 존재이며, 자신의 행동에 대한 책임이 있다는 것을 전제로 하여, 현재 개인이 실시하는 활동에 주목하고 정체감을 개발시키는 것이 중요하다고 주장한다. 또한, 개인의 행동에 대한 책임감을 합리적이 되도록 평가하기 때문에 현실상담의 목표는 내담자가 다른 사람의 욕구를 방해하지 않는 범위 안에서 자신의 욕구에 맞는 행동을 실시하도록 유도하고 그 행동에 대한 책임을 지도록 하는 것이다. 따라서 상담자는 내담자의 욕구를 탐색(Want)한 후 내담자의 행동을 탐색(Doing)한다. 이후 내담자의 행동이 내담자의 욕구를 제대로 충족시키는 데 도움이 되었는가를 평가(Evaluation)하며, 내담자의 욕구를 충족시키는 데 도움이 되는 계획을 수립(Planing)하는 단계를 거쳐야 한다.

(2) 활용방안

도장에서 상담을 진행할 때 내담자에게 도장의 원칙에 무조건적인 수용을 강조하기보다는 내담자가 원하는 바를 파악한 후 내담자의 욕구를 충족시켜 줄 수 있는 여러 가지 안을 제시하여, 내담자 스스로가 결정을 내릴 수 있도록 유도한다. 만약 내담자의 요구를 충족시키기 어려운 내용일 경우 내담자와 상의하여 내담자의 욕구를 절충할 수 있는 여러 가지 방안을 같이 고민해 보는 것도 하나의 방법이 될 수 있다.

03. 상담기법

    상담에서 내담자의 변화를 이끌어내는 데 효과가 있다고 입증된 내용이 상담이론이라면 상담기법이란 입증된 내용을 바탕으로 내담자의 문제 해결을 돕는 더욱 효과적인 방법이자 수단이다.

    태권도 도장에서 이루어지는 상담은 지도자와 수련생, 학부모 사이의 원활한 의사소통을 위한 주요 수단이다. 이러한 의사소통의 방법에는 몸짓, 동작, 얼굴 표정, 행동, 자세와 같은 비언어적 의사소통과 언어적 의사소통이 있다. 비언어적 의사소통과 언어적 의사소통 중 도장에서 이루어지는 상담 대부분은 주로 언어를 통해 이루어지기 때문에 같은 대화를 하더라도 어떤 상담기법을 사용하여 전달하고, 받아들이는가에 따라 상담의 결과가 달라질 수 있다. 그렇기에 각 상담 상황에 알맞은 기법을 사용하는 것이 무엇보다 중요하다.

    언어적 의사소통이 주로 실시되는 상담 상황에서 사용되는 언어적 기법은 상담상황에서만 적용되는 것이 아닌 일상생활에서도 적용되는 부분이기 때문에 대부분 사람은 경험을 통해 여러 가지 언어적 기법들을 습득한다. 하지만 상담은 신뢰와 전문성을 바탕으로 진행되어야 하기에 각 상황에 맞는 상담기법을 적절하게 사용하는 것이 중요하다. 다시 말해 각 상황에 맞는 올바른 상담기법의 선택은 상담의 효율성을 높여줄 수 있으며, 문제 해결을 위한 중요한 단서로 작용할 수 있다. 도장 상담을 진행할 때 사용할 수 있는 대표적인 상담 기법은 다음과 같다.

주요 상담기법

구분	기법	표현	설명
도입	경청	"태권도를 못한다고 생각하실만한 일이었네요"	상대의 의미나 감정까지 이해하여 적극적 반응 보이기
	공감	"~하여, 많이 속상하고 서운하셨겠습니다" "~하여, 당황스러우셨겠습니다"	상대의 생각과 감정을 공유하는 것 감정이 반영되는 것
	수용적 태도	"예, 그러셨겠네요"	상대의 반응을 그대로 받아들이고 존중하는 것 감정이 반영되지 않은 것
	명료화	"~하는 거죠?" "~라는 거죠?"	질문에 대해 되묻기
본론	안심시키기	"힘든 내색하지 않고 의젓하게 잘 따라 합니다"	긍정적 정보를 제공하여 불안을 줄여주기
	반영	"버릇없는 아이로 보일까 봐 걱정하고 계신 것 같습니다"	감정과 생각을 듣고 다른 방법으로 표현하는 것
	바꾸어 말하기	"지금 말씀하시는 것이 ~ 맞죠?" "시간에 맞추어 차량 변경을 요청하시는 것이 맞죠?" (상대 말을 듣고)	상대의 말을 간단하게 정리하여 의도를 구체화 시키는 방법 요약해서 전달하는 것
	칭찬하기	"도장에서 어린 수련생들을 잘 챙겨주고, 다른 수련생들과 잘 어울리며 지내고 있습니다"	상대방의 행동을 긍정적으로 인정해서 강화해 주는 것
	자기 개방화	"저도 부상이 있었을 때 포기할까 생각한 적이 있었습니다"	자신의 개인적인 사항을 드러내 상대에게 전달하는 것
마무리	진정성	"더 돌보고, 교육하도록 하겠습니다"	가식 없이 진심을 전달하는 것
	정보제공	"저희는 ~ 하고 있습니다" "특강에 따라 수련비가 다소 차이가 있습니다"	질문에 대한 답변 제공하는 것
	요약	"도장의 한 달 수련은 이렇게 네 가지 형태입니다" "간단히 요약을 하면, 어머님 말씀은 ~, ~ 이네요"	상담의 여러 대화 내용을 하나로 정리하는 것 (정리하는 개념)
	직면	"안내문은 꼼꼼히 확인해보셨나요?" "저희도 확인해보겠습니다. 어머님도 확인 부탁드립니다"	모르거나 인정하기를 거부하는 것을 받아들이도록 하는 기법 초기에는 자제하는 것이 바람직하다
	직접적 안내	"이렇게 해보시는 것은 어떨까요?" "ㅇ시부를 참여하는 것을 추천해드립니다"	안내문 전달 및 상대에게 직접적으로 전달하는 것

1) 경청

(1) 개념

경청은 상담 시 갖추어야 할 가장 기본적인 태도이자 상담의 가치이다. 경청하기 위해서는 진정으로 상대방(수련생·학부모)이 전달하고자 하는 의미를 상대방의 입장에서 이해하고자 노력해야 한다(Egan, 1998). 경청할 때는 상대방의 이야기 하는 자세, 얼굴 표정, 몸의 움직임, 목소리, 어투 등의 비언어적인 행동도 함께 관찰하는 것이 중요하다. 한편, 경청에는 두 가지 방법이 있는데 첫째, 상대방의 말에 적극적 반응을 하는 적극적 경청과 둘째, 상대방의 이야기를 묵묵하게 들어주는 침묵의 방법이 존재한다.

적극적 경청은 상대방의 말에 적극적인 반응을 보이며 숨겨져 있는 의미와 감정도 이해했다고 반응을 보이는 것이 특징이다. 또한, 반영과 명료화, 직면의 기법을 사용하여 경청하는 자세이다. 소극적 경청은 수동적 경청으로 침묵과 간단한 반응, 상대방의 자기 노출과 탐색을 유도하는 자세이다.

(2) 활용 방안

도장을 방문하는 내담자에게 내담자가 말하는 내용에 본인이 집중해서 듣고 있음을 보여준다. 이때 내담자의 말에 적극적으로 호응하거나, 자신이 내담자에 집중하고 있음을 나타내주는 제스쳐(손뼉치기, 고개 끄덕이기)를 실시한다. 혹은 내담자가 말하는 내용을 끊지 않고 묵묵히 들어주는 자세를 취한다.

2) 공감

(1) 개념

공감이란 상대방의 입장에서 생각하고 같은 감정을 느낀다는 의미로 '수용'과 유사성을 띄지만, 내담자(수련생·학부모)의 감정을 주로 수용하고 받아들인다는 점에서 구별된다. 수용은 편견 없이 상대방을 있는 그대로 받아들이는 것으로 '존경'과도 구별된다.

내담자(수련생·학부모)는 자신의 감정을 공유하고 있다는 느낌을 받을 때 상담을 진행하는 태권도 지도자에 대해 신뢰를 하게 된다. 즉, 공감은 듣는 사람(상담자: 태권도 지도자)이 말하는 사람의 감정을 공유한다는 것으로 감정 공유를 통해 상대방의 감정을 인식하고 문제 이해가 가능해진다. 또한, 공감의 표현은 상대방으로 하여 신뢰감을 주어 긍정적인 분위기 향상에 도움을 준다(Jung, 1995).

공감에서 중요한 것은 일부만 듣고 판단하지 않는 것이다. 더불어 상대방이 말하는 도중 끼어들지 않아야 한다. 또한, 사건 중심이 아닌 사람을 중심으로 보아야 하는데 상대방에게 공감의 반응은 가능한 짧게 하는 것이 좋다. 그렇다고 상대방을 무조건 존중해야 하는 것은 아니다.

(2) 활용 방안

도장 상담 시 내담자(학부모)가 느끼는 감정(기쁨, 슬픔, 분노, 걱정)에 대해 "저도 그 부분에서는 마음이 아픕니다." 혹은 "많이 걱정되시겠습니다."와 같은 표현을 사용하여, 자신도 그 감정과 느낌을 공유하고 있음을 표현한다. 상담 상황에서 공감은 상담이 처음 진행되는 초기 단계에서 수련생·학부모의 요구와 의도를 파악하는 데 유용하게 사용할 수 있다.

3) 수용적 태도

(1) 개념

수용은 있는 그대로 받아들이는 것을 말한다. 수용적인 태도는 상대방(수련생·학부모)에 대해 판단적이고 비판적인 태도를 지양하며, 상대방을 있는 그대로 받아들이고자 노력하는 것을 말한다. 자신감을 증진시키고 긴장을 해소시키며 자유롭게 표현할 수 있게 돕는 다는 특징이 있다. 특히 상대방이 터무니없는 말을 하더라도 바로 판단하여 비난하지 않고 충분히 표현할 시간을 부여해야 한다. 그리고 이러한 경우 표정에 주의해야 한다. 수용의 표현에는 짧은 문구로 표현되는 반응, 시선 맞추기, 고개 끄덕이기, 어조와 억양 등이 있다(강진형, 이종연, 유형근, 손현동, 2009)

(2) 활용 방안

　수용적 태도가 자신의 의견을 갖고 판단할 수 있는 권리를 포기한다고 오해될 수 있다. 예를 들어, "수련비가 너무 비싼데 인하해 주세요"라는 요청을 있는 그대로 받아들여 인하를 승인하는 것이 수용적 태도가 아니다. 상대방의 말이나 의견에 대해 "그러셨겠네요", "그렇군요."와 같이 상대의 반응을 그대로 받아들이는 것으로 상대의 의견에 대해 비판적 반응이나 감정을 반영하지 않는 것이다.

4) 명료화

(1) 개념

　명료화는 내담자가 정서적이거나 지적으로 자신이 가지고 있는 문제에 대한 통찰을 얻게 하는 것이다(Douglas, 2005). 고영남·박선영(2013)에 의하면 대화 내용을 분명히 하고 상담자 자신이 상대(수련생·부모)가 표현한 바를 정확히 지각하고 있는지 확인하는 대화 기술로도 사용할 수 있다. 명료화를 통해 상대방의 이야기 중에서 모호한 점을 확실하게 전달할 수 있으며 내용의 정확성 여부를 직접 점검할 때 사용할 수 있다.

　즉, 명료화란 표면적으로 의도가 드러나지 않은 상대방 말 속에 내포된 의미를 파악하기 위한 단계이며, 상대방의 감정을 밀어붙이지 않고 갈등이나 흩어진 반응 등을 단순화시켜 전달함으로써 상대에게 뚜렷하게 의미를 전달하는 것이다. 상대가 말하고자 하는 바를 점검하거나 상담자가 이해한 바가 맞는지 정확성 점검 시 사용할 수 있다.

(2) 활용 방안

　명료화는 상대방(수련생·부모)의 말 중에 모호한 점에 대해서 상대방이 확실히 알도록 도와주기 때문에 상담을 진행하는 과정에서 내담자의 말이 모호하거나 잘 이해되지 않은 점이 있다면 이를 명확하게 밝힌 후 상대가 스스로 자신이 했던 말을 되돌아보게 하거나, 구체적인 의미를 전달해 주도록 요청해야 한다. 즉, 상담 도중 잘 이해가 가지 않거나, 명확한 답이 필요한 상황에서 "제가 잘 이해하지 못했는데, 말씀하신 부분을 다시 한 번 설명해 주시겠습니까?" 혹은 "지금 ○○○

과 관련하여 말씀하신 것이 맞나요?"와 같은 언어를 사용하여 내담자의 속마음을 분명하게 하는 것이 좋다.

5) 안심시키기

(1) 개념

안심시키기란 정신치료과정에서 환자에게 환자의 이야기를 차근차근 들으며, 환자의 마음은 안정시키기 위해 많이 쓰이는 기법이다(Wallerstein & Robbins, 1956). 하지만 일상적인 상황에서의 안심시키기는 상대방(수련생·학부모)이 제시하는 문제가 내포하는 뜻을 상대방의 생각보다 축소해주거나 일상생활에서 흔히 발생하는 것으로 재 의미화하여 상대방의 심리를 안정시키는 기법이라 할 수 있다.

(2) 활용 방안

도장 상담 상황에서는 흔히 수련생의 부상, 다툼 등의 문제로 인해 수련생이나 학부모가 많은 걱정을 하거나 불안감을 느낄 수 있다. 이때 태권도 지도자들은 수련생이나 학부모에게 실제로 일어난 일이 큰 문제를 발생하는 것이 아닐 수 있음을 전달한다. 이는 수련생이나 학부모가 느끼는 과도한 걱정과 불안감을 일시적으로 낮춰줄 수 있으며, 상담을 지속해서 진행할 수 있도록 도움을 줄 수 있다.

6) 반영

(1) 개념

상담의 초기 단계에서 주로 많이 활용되는 반영은 상대방(수련생·학부모)의 말과 행동에서 표현된 감정이나 생각을 상담자(태권도 지도자)가 듣고 다른 방법으로 의미를 표현하는 것이다. 반영은 크게 감정의 반영과 의미의 반영이 있다. 감정의 반영이란 상담 시 내담자가 내담자 본인의 감정과 행동, 상태에 관해 숨기지 않고 명확하게 파악하게 하는 것을 말한다. 또한, 의미의 반영은 내담자가 전달한 내용 중 내담자가 중요하게 생각하는 의미나 가치가 있는 내용을 재진술해주는 것이다. 상담자는 감정의 반영을 실천할 때 내담자가 전한 이야기를 다른 표현으로 전달해주어야 하며, 의미의 반영을 실천할 때에는 내담자의 핵심내용을 파악하여 전달하는 것이 중요하다(노안영, 2005).

반영하는 데 유의할 점은 내담자의 이면을 탐색할 수 있도록 돕는 데 효과적이지만 내담자의 반응(거부반응, 시간적 부족함, 상담자의 능력이 부족하다고 판단 등)을 살펴보고 이에 따라 즉각 대응해야 한다(Greenberg, 2002).

(2) 활용 방안

도장 상담 상황에서 반영을 실천할 때에는 지도자 자신의 감정이나 생각을 덧붙이지 않고 상대방(수련생・학부모)의 감정 또는 그들의 말 속에 있는 의미를 전달해야 한다. 예를 들어 수련생의 부모가 "어른들에게 인사를 제대로 안 해서 나쁜 아이로 보이지는 않을까 걱정이에요"와 같은 말을 했을 때, 부모의 생각과 감정을 "버릇없는 아이로 보일까 봐 걱정하고 계신 것 같습니다. 도장에서 인사를 따로 교육하지는 않지만 인성교육 시간과 도장 생활을 통해 인사를 할 수 있도록 교육하고 있습니다" 같이 이야기를 하는 것은 부모가 중요하게 생각하는 핵심에 관해 이야기하고 대응하는 방법으로 활용할 수 있다.

7) 바꾸어 말하기

(1) 개념

바꾸어 말하기는 애매모호하거나 정리되어 있지 않고 드러나 있는 표면적 주제어 속에 내포하고 있는 의미가 있다고 판단될 때 사용할 수 있는 기법으로 바꾸어 말하기에는 언어자각과 같은 방법이 포함될 수 있다(김정규, 1996).

(2) 활용 방안

바꾸어 말하기는 학부모의 말을 간략하게 정리함으로써 학부모의 생각을 구체화하는 상담기법이기 때문에 학부모가 하고자 하는 말을 명확하게 전달하지 않을 때 사용할 수 있다. 예를 들어 "우리 아이가 수학 학원은 ○○시에 끝나고 월요일, 수요일 음악 학원은 ○○시에 끝나요"와 같은 말을 했을 때 "어머님, 월요일, 수요일은 음악학원이 끝나는 시간에, 나머지는 수학 학원이 끝나는 시간에 맞춰서 차량 시간을 변경하시기를 원하시는 것인가요?"와 같이 내담자가 하고자 하는 말의 근본적인 뜻을 파악하여 이를 간단명료하게 되풀이해주는 것이다.

8) 칭찬하기

(1) 개념

한상철(2003)에 의하면 칭찬의 의미는 생활의 즐거움과 긍정적 자아를 심어주기 위해 바람직한 행동이나 장점을 찾아 강화해주기 위한 의도적인 언어와 행동, 태도이다. 칭찬하기는 언어적·비언어적 방법을 모두 포함하며, 언어적 강화(verbal reinforcement), 격려(encouragement), 사회적 인정(social acknowledgement)의 유형으로 분류하기도 한다(윤채영, 강명숙, 김정섭, 2009).

칭찬은 무엇을 어떻게 칭찬하는가에 따라 효과가 달라진다. 그러나 칭찬하기가 모두 효과가 있는 것은 아니며, 지속적인 칭찬은 그저 하나의 표현 또는 의미 없는 말과 같이 의미가 퇴색되기도 한다(이주혜, 2009). 그렇기에 칭찬하기를 사용할 때에는 틀에 박힌 형식적인 칭찬은 오히려 긍정적 감정과 호감을 반감시킨다는 점을 주의하고 사용해야 한다.

(2) 활용 방안

도장에서 칭찬하기는 상대(수련생·학부모)의 존재를 긍정적으로 인정하는 하나의 수단이기 때문에 상대방은 긍정적인 자기 이미지를 획득하게 되며, 지도자를 향한 긍정적인 감정과 호감을 상승시키는 방법으로 사용될 수 있다.

또한, 칭찬하기는 동기를 강화해줄 수도 있는데, 장기간 수련으로 의욕상실, 권태를 느끼는 수련생에게 "○○이는 늘 열심히 해서 사범님이 오히려 ○○이의 자세를 배워야 할 것 같아", "○○이의 열심히 하는 모습이 후배들에게 정말 좋은 모범이 되는 것 같아!" 등의 이야기를 해 줄 경우 수련생의 동기를 상승시켜주는 데 효과적일 수 있다.

9) 자기 개방화

(1) 개념

자기 개방화는 상담과정에서 상담자 자신의 행동, 생각, 감정 또는 자신에 대한 정보를 상대방에게 드러내는 것이다. 성숙진(2000)은 자기개방은 내담자에게 일어나야만 하는 행동들을 내담자에게 보여주는 효과적인 방법의 하나로 소개하였다. 상담에서 자기 개방화는 내담자와의 사이에서 관계를 형성하는 데 도움이 되기도 하며, 상담자를 의식적, 무의식적으로 모방하게 하는 촉진 효과가 있다(노안영, 2005). 또한, 상담자가 자기 자신의 개인적인 어떤 것들을 드러내는 것으로 상대방(수련생·학부모)이 사전에 알지 못했던 것에 대해 현실감을 얻게 하려고 자신을 드러내는 것이다.

자기 개방화는 긍정적 개방과 부정적 개방으로 나누어진다(김정규, 김영주, 심정아, 2008). 긍정적 개방은 내담자의 관점을 지지한다는 점에서 내담자를 안심시켜주는 데 도움이 된다. 반면, 부정적 개방은 내담자의 관점, 사고방식 행동에 직면한다는 점에서 도전적이며 대립하는 경향이 있다.

(2) 활용 방안

태권도 지도자는 솔직하고 정직하게 자기 생각을 표현하거나, 개방적인 분위기에서 상호 간 기만이나 속임수를 없애기 위하여 자기 개방화를 사용할 수 있다(천성문 외 2015).

구체적으로 도장에서 자기 개방화를 사용할 때는 학부모가 "여자아이도 태권도를 수련할 수 있나요?"와 같은 질문을 했을 때, 여자 지도자의 경우 "네, 어머님. 저도 여자지만 태권도를 수련했고, 지금도 수련을 하고 있습니다."와 같이 있는 그대로 사실과 자기 생각을 표현하는 대화법으로 사용할 수 있다.

10) 진정성

(1) 개념

인간관계에서 진정성이란 관계의 깊이와 지속성을 가져오는 중요한 요인으로 작용하기 때문에 많은 학자가 강조하는 부분이다. 진정성이란 상대방을 대하는 데 있어 가식이나 왜곡, 겉치레가 없는 것으로 상담을 진행하는 과정에서는 필수적인 요소이며, 긍정적인 결과를 만들어내는 핵심요인이라고 할 수 있다(Bader, 1995; Miars, 2002).

진정성은 실제성과 진실성, 일치성의 형태로 나타난다. 실제성이란 상담자가 전문가적인 모습을 내려놓고 온전히 자기 자신이 되는 것이며, 진실성이란 상담자가 매 순간 느끼는 감정이나 생각에 대해 개방적인 태도가 됨을 말한다. 또한, 일치성이란 상담자가 경험하는 무의식, 의식 수준에서 나타나는 것이 내담자에게 동일하게 표현됨을 말한다(Rogers, 1957).

(2) 활용 방안

내담자 입장에서는 상담자(태권도 지도자)가 가식적인 모습을 보인다고 느끼게 하는 것은 내담자와 상담자 간의 관계 형성에 부정적인 영향을 줄 수 있기에 내담자가 요구하는 부분에 대해서 가식적이고, 억지로 꾸며낸 모습을 보여주는 것이 아니라 실제 본인 스스로 할 수 있는 부분에 대해 최선의 노력을 다하고 있음을 보여주는 것이 필요하다.

11) 정보제공

(1) 개념

정보제공이란 상대방(수련생・학부모)에게 특정 자료 또는 사실, 자원, 상대방의 질문에 대한 대답, 의견을 제공하는 것을 말한다. 정보제공은 단순히 교육을 진행하고 정보를 제공하는 것이 아니라 상대방이 잘못된 정보를 알고 있을 때 이를 수정하고 내담자의 행동 이유를 설명하는 것 또한 포함된다(Hill & O'Grady, 1985).

상담을 진행할 때 정보를 제공한다는 것은 단순히 상담자가 정보를 제공하는 것뿐만 아니라 내담자가 알고 있는 잘못된 정보를 수정하는 것을 모두 포함하기 때문에 내담자가 정보의 부족으로 인해 오해가 발생한 상황에서 내담자 자신의 문제를 스스로 되돌아볼 수 있도록 만들어주는 데에도 효과적이다(천성문 등, 2015).

(2) 활용 방안

도장 상담 상황에서 정보제공기법을 사용할 때에는 우선으로 도장에서 제공해야 할 내용(도장 수련 시간, 수련 프로그램, 도장 특징, 지도진 소개 등)이나 내담자가 인지하고 있는 잘못된 정보(수련생 간의 다툼, 수련생의 성장 속도 등)로 인한 오해에 대해 정확한 정보를 제공해 주는 것이 포함될 수 있다.

12) 요약

(1) 개념

요약은 내담자가 표현했던 주제를 상담자가 정리해서 말로 나타내는 것으로, 상담 시 펼쳐진 상대방(수련생·학부모)의 여러 생각이나 감정, 요구, 호소 등의 내용을 하나로 정리하는 것이다. 즉, 상담에서 진행된 많은 대화 내용 중 일반적인 내용을 줄거리로 잡아내는 것을 의미한다. 요약을 통해 내담자가 미처 의식하지 못한 면을 학습시킬 수 있으며, 문제 해결의 과정에서 자기 생각과 느낌을 탐색하도록 도와주는 역할을 한다(노안영, 2018).

(2) 활용 방안

요약은 상담 시 상대방(수련생·부모)의 말과 주제(감정, 요구, 호소 등)를 정리하여 상담 중간 또는 상담 마무리에서 사용할 수 있다. 예를 들어 상담 마무리 시 "어머님, ㅇㅇ이가 도장에 나오는 것을 좋아하고 운동은 열심히 하려 하는데 아직 어려서 체력이 부족할까 봐 걱정하시는 것 같습니다."와 같이 상담의 주제를 요약하고 해결 방법을 제시하는 순서의 화법으로 사용할 수 있다. 또는 상담의 내용이 여러 주제로 길어지는 경우 "집은 도장과 가깝지만, 하교 후 학원으로 이동하는데 학원에서 도장으로 오는 것을 걱정하는 것 같습니다. 차량운행을 요청(또는 변경)하시는 것이 맞나요?"와 같이 요약하여 상대에게 전달할 수 있다.

13) 직접적 안내

(1) 개념

직접적 안내란 내담자에게 지시, 제안, 조언을 전달하는 것이다. 직접적 안내와 정보제공은 상담자가 내담자에게 정보를 제공한다는 점에서 같은 기법으로 보이기도 한다. 하지만 정보제공과 직접적 안내의 가장 큰 차이점을 정보제공은 사실이나 의견을 전달하는 반면, 직접적 안내(지도)는 내담자를 위한 행동이라고 할 수 있다(Hill & O' Brien, 1999).

직접적 안내는 전문적 지식과 경험을 갖춘 상담자에 의해 전달 또는 안내될 때 유용하기 때문에 내담자에게 상담자의 전문성에 대한 신뢰를 심어주어야 한다. 하지만 상담자는 자신의 역할의 한계와 책임감을 느끼고 내담자에게 선택을 강요할 수 없다는 점을 유의해야 하며, 내담자 스스로 무엇을 할지 결정하게 해야 한다.

(2) 활용 방안

도장에서의 직접적 안내는 개인 특성이나 수련 효과 등에 대한 걱정이나 고민에 대해 지도자가 수련생 또는 학부모에게 조언이나 어떠한 방법을 제시할 때 사용하기 좋은 기법이다.

구체적으로 도장 상담 상황 시 "이렇게 해보시는 것은 어떨까요?", "이런 방법이 좋은 것 같습니다."와 같이 해결 방법 또는 정보를 제안, 제시할 수 있다. 또한, 상대의 상황이나 상태에서 필요로 하는 정보를 파악하고 정확한 방법을 제시하는 것이 중요하다. 예를 들어, 상대(수련생·부모)가 "태권도 수련을 오랫동안 했는데도 체중이 줄지 않아 걱정이에요. 열심히 운동하고 있는 거 맞나요?"와 같은 질문을 했을 때, "체중 감량과 체형 관리는 운동도 중요하지만, 식이요법이 가장 중요합니다." "가정에서도 고열량의 음식을 피하고, 불필요한 음식 섭취를 피할 수 있도록 식단 관리를 함께 신경 써 주셔야 합니다."와 같이 상대(수련생・부모)가 선택하여 스스로 행동할 수 있도록 제안, 제시하는 방법으로 사용할 수 있다.

14) 직면

(1) 개념

직면은 생각이나 감정 혹은 행동을 나타내는 데 있어서 상호 간에 일치하지 않는 모순점이 있을 때 사용할 수 있는 기법으로 실제 상담상황에서 내담자가 느끼는 실존적인 공허나 불안감이 인생의 궁극적인 관심사와 관련이 있다는 것을 전제로 한다(최웅용, 천성문, 김창대, 최한나, 2005). 즉, 상대방(수련생・학부모)이 자신의 궁극적인 관심사에 대해 진솔하게 직면하게 될 때 진정한 갈등의 원인이 구성되고, 자신이 가지고 있는 한계상황이나 불안을 극복할 수 있게 된다.

노안영, 송현종(2006)은 직면은 상담 초기에는 자제하는 것이 바람직하다고 하였다. 직면시켜야 하는 상황은 다음과 같은 특징이 있다. 첫째. 상대방이 스스로 깨닫지 못하고 있지만, 말이나 행동을 통해 어떠한 불일치가 발견되었을 때, 둘째, 상대방으로 하여 자신의 욕구에 의해서만 상황을 판단할 것이 아니라 있는 그대로 상담을 받아들이게 해야 할 때, 셋째, 상대방이 상담에서 어떤 주제나 화제를 피하거나 다른 의견이나 생각 등을 받아들이려 하지 않을 때가 직면시켜야 하는 상황이라고 할 수 있다.

(2) 활용 방안

직면은 상대방이 모르고 있거나 인정하기를 거부하는 생각과 느낌에 대해서 이를 확인할 수 있게 만드는 것이 목적이다 보니, 상대방의 변화와 성장을 증진 시킬 수 있는 반면 상대방에게 심리적인 상처를 줄 수 있는 단점이 있다. 그렇기에 상담자(태권도 지도자)는 직면 반응을 사용할 때 시의성, 즉 내담자가 그것을 받아들일 수 있는 준비가 되어 있는지를 면밀히 고려해야 한다. 또한, 상담자의 직면 반응은 내담자를 배려하는 상호신뢰의 맥락에서 행해져야 하며, 내담자에 대한 상담자의 좌절과 분노를 표현하는 수단으로 생각하여서는 안 된다(Thompson, 2007). 예를 들어 평소 컴퓨터나 스마트폰을 많이 이용하는 학생의 학부모가 "태권도장에서 나쁜 말을 배워오는 것 같다"와 같은 말을 했을 때, "저희 도장은 고운 말, 바른말 쓰기를 하고 있습니다. 최근 다양한 영상 매체와의 접촉으로 인해 어린 학생들이 나쁜 것들을 배우기도 하는데, 혹시 ㅇㅇ이가 컴퓨터나 스마트폰을 통해 게임을 접하기도 하나요?"와 같이 이야기를 하는 것은 수련생이 가지고 있는 문제를 직면할 수 있도록 유도하는 대화법이 될 수 있다.

04. 상황별 상담 프로세스

　도장 상담 시에는 수련생·부모의 의견에 대한 경청과 공감이 필수적이며, 표정과 몸짓, 언어 사용에서 진정성을 전달해야 한다. 지도자는 상담 시 각 상황에 맞추어 아래의 프로세스를 따라 상담을 진행한다. 상황별 도장 상담의 기본 프로세스는 다음과 같다.

1) 도장으로 불만을 제기할 때

　수련생·부모가 도장으로 불만을 제기하는 상황에는 수련 효과 미비, 수련시간 및 수련프로그램 구성의 불만, 차량운행 누락·지연, 심사 누락·불합격, 생활 태도 문제, 성장과 수련 수준 차이, 부상 발생, 수련비 인상과 관련된 것들이 있다.

　불만제기 발생 상황의 상담은 두 가지의 프로세스로 진행할 수 있다. 첫째는 불만을 수용해야 하는 경우로 도장의 실수로 인해 발생한 불만이 제기되는 상황이다. 구체적인 상황으로는 차량운행의 실수로 지연되거나 수련생 탑승이 확인되지 않는 상황 등이 있으며, 도장의 실수를 수용하고 반드시 반영해야 한다. 둘째, 불만에 대한 직접적인 문제 해결이 필요한 경우로 수련생의 부상,

심사의 불합격 등과 같이 예기치 못한 문제로 인해 불만이 발생하기도 한다. 이때는 직접적인 문제 해결을 해야 한다. 문제의 해결은 상담기법(직접적 안내, 정보제공, 안심시키기, 직면)을 사용한 발생원인 및 상황에 대한 전달·확인, 해결 방안 모색, 걱정에 대한 안심시키기가 효과적이다.

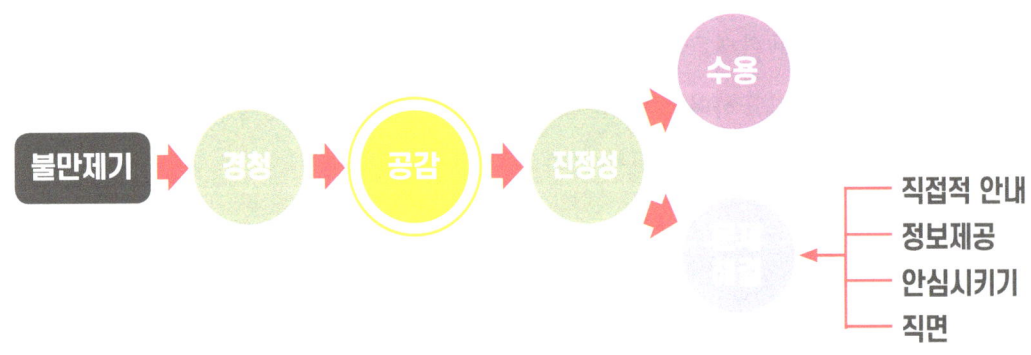

2) 도장에 요구사항을 이야기할 때

필요한 사항이 있거나 개선이 필요로 하는 경우, 불만이나 불편보다는 더욱 나은 개선을 위해 수련생·부모가 도장으로 어떠한 사항을 요청하는 것이다. 개선이 필요로 하거나 의견 또는 정보를 전달하는 점에서 전달사항과 비슷하지만, 요청이 향하는 대상의 차이가 있다.

도장에서 주된 요구사항 상담으로는 인성교육, 학교체육 등 수련 프로그램 요청, 차량운행 신청·변경, 생활문제 교육, 개인특성·개인차(성장, 체형 교정, 성향 등)에 따른 특별 요청 등이 있다.

요구사항에 대한 상담 시에는 반영과 거절의 두 가지 프로세스로 진행할 수 있다. 먼저, 요구사항 반영의 구체적인 상황으로 수련생의 특성으로 인해 특별 요청이 있는 경우, 차량운행 요청 및 변경을 가능한 경우의 상황 등이 있다. 이처럼 수용이 가능한 상황에 대해서는 수용과 반영의 프로세스를 진행한다. 다음으로는 요구사항 반영을 불가피하게 거절해야 하는 경우의 상황이 있다. 이러한 거절의 구체적인 상황으로는 도장등록의 수련비 인하, 무리한 차량운행 요청 및 변경 요청의 상황 등이 있다. 요구사항을 거절할 때에는 단호하고 일방적인 거절의 태도로 일관하는 것보다는 진정성을 보이며 거절을 할 수밖에 없는 상황의 전달과 대안을 함께 제시해주는 것이 좋다.

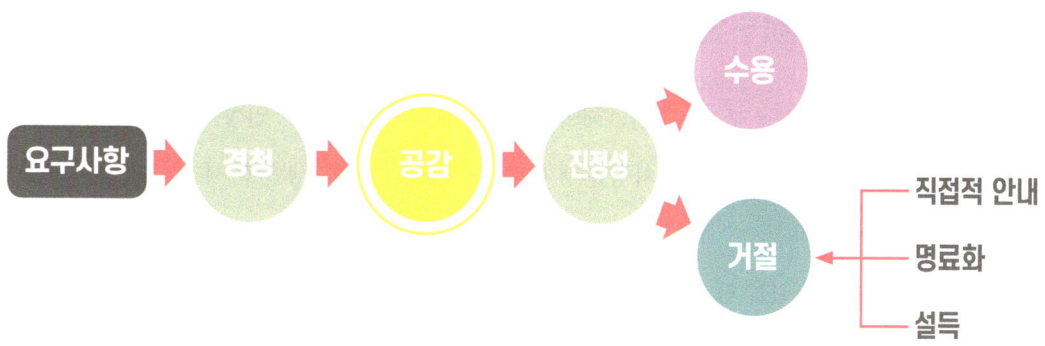

3) 해결이 필요한 사항에 대해 호소할 때

겪고 있는 불편이나 해결이 어렵고, 도움이 필요한 문제가 발생한 경우로 수련생·부모의 사정을 도장에 적극적으로 표현·전달하는 것이다. 수련하는데도 불구하고 수련 수준이나 개인 성향, 체형 변화, 성장의 변화가 기대보다 더디다고 느낄 때, 잘못된 생활 습관이 고쳐지지 않을 때, 수련 효과가 미비할 때, 수련비 인상이 부담될 때, 차량운행의 시간, 코스 등 불편이 발생한 경우 등의 상황을 겪을 때 주로 발생한다.

상담 시 호소문제에 대해 접근할 시에는 호소 문제에 대한 해결의 프로세스로 진행해야 한다. 타 상담 상황과 달리 호소문제의 상황에서는 수련생·부모를 안심시키는 과정이 필요하며, 해결 방법의 전달이 필요하다. 직접적인 해결이 가능하다면 좋겠지만, 해결이 어려운 경우라도 포기 또는 거절의 태도보다는 함께 진심 되게 고민하고 해결하고자 하는 모습을 보이는 것이 좋다.

4) 도장에서 가정(수련생·부모)으로 전달사항을 전달할 때

도장에서 가정(수련생·부모)에 전달해야 할 내용은 수련비 미납·인상, 심사·심사비, 행사 안내, 수련 물품 구입, 수련 계획표, 차량운행 변경부터 도장에서 발생한 문제를 전달하는 부상의 발생 등이 주된 내용이다.

전달해야 할 내용이 있을 때, 도장에서는 가정으로 안내문, 문자, SNS 공지 등을 사용하여 전달하는 방법이 있다. 전달사항과 관련된 상담 시에는 정보전달의 프로세스를 진행해야 한다. 이때의 정보전달은 도장등록 시 전달하는 내용과 같이 안내가 필요한 경우, 심사, 대회와 같이 특정 대상에 대한 안내가 필요한 경우, 부상과 같이 발생한 문제의 전달이 필요한 상황 등이 있다.

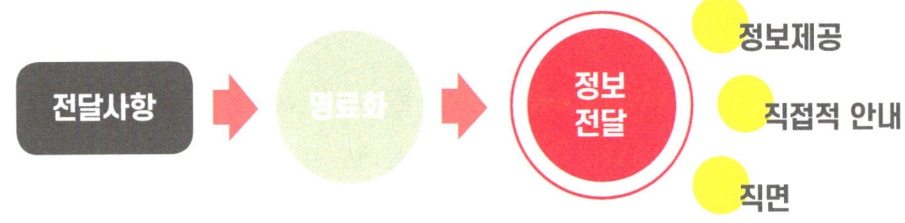

2장.
상담 준비

본 장에 제시된 상담준비는 태권도 도장상담의 첫단계이다. 본격적인 상담이 진행되기 전 상담준비사항들을 숙지하면 효과적인 상담이 가능해진다. 따라서 본 장에서는 상담 전 준비사항, 전화상담, 방문상담, 등록 후 안내절차에 대해 안내한다.

2장 상담 준비

01. 상담 전 준비사항

부모와의 상담 기회는 빈번하다. 상담내용은 등록부터 도장이나 지도진에 대한 불만이나 요구 사항 등으로 다양하다. 모든 상담이 중요하지만, 등록 관련 상담은 수련생 확보에 영향을 준다. 등록을 위해 도장을 찾아오는 부모는 자녀를 등록시킬 의도가 있다. 상담이 등록으로 이어지기 위해서 가장 중요한 것은 관장의 준비도이며, 관장이 준비한 만큼 부모도 느낀다. 지도자의 말끔한 외모와 상냥한 말투가 상담에 중요한 역할을 한다.

도장은 상담 관련 매뉴얼을 만들고 지도진은 미리 매뉴얼을 연습해 두어 실제 상담이 이루어질 경우 당황하지 않고 능숙하게 상담을 진행한다. 매뉴얼 없이 그때그때 상황에 따라 상담이 진행된다면 상담이 실패할 확률이 높다. 상담이 끝난 후에는 상담 내용을 지도진이 함께 공유해 수련생 지도에 활용한다.

지도자는 평상시 아래와 같은 등록 관련 자료들을 준비해 두고 부모 상담 시 활용한다.

상담 전 준비사항

상담 전 준비사항	준비 여부
• 등록상담 기록지	
• 도장 소개 자료(시간표, 프로그램, 교육비 등)	
• 모바일 SNS자료 (모바일 홈페이지, 카드뉴스, 도장 행사 및 태권도 관련 동영상)	
• 도장등록원서(개인정보 수집 및 이용 동의서 포함)	
• 도장 상담 환경(인테리어, 청결상태)	
• 기타(명함, 접대용, 차와 음료 등)	

1) 등록상담 기록지

상담을 진행할 경우 반드시 등록상담 기록지를 작성한다. 기록지에는 수련생과 부모의 성향과 요구를 기록한다. 특히, 수련생의 성향(예, 건강상태 등)과 특기 상황을 자세히 기록해 수련생의 교육자료로 활용한다. 방문상담 기록지 양식은 지도자가 사용하기 편한 것으로 만들어 사용한다. 이때, 기록지는 도장의 특색이 드러나는 양식으로 개발하며, 정기적으로 검토, 수정한다. 부모가 등록하지 않은 경우에는 도장소식과 유용한 정보 안내 용도로 등록상담 기록지를 활용한다. 작성된 등록상담 기록지는 태권도 지도진과 함께 공유하여 차후 상담 자료로 활용한다.

도장을 직접 방문하여 등록 상담을 하는 경우도 있지만, 일부 부모는 전화상담 후 방문상담을 진행한다. 전화상담 시 지도자는 상담 내용을 꼼꼼히 작성하고 상담이 가능한 시간대로 방문상담을 예약한다. 전화상담 내용은 수련생의 신상정보, 도장 선택 시 고려사항, 상담 경로, 방문 약속 등으로 구성된다. 방문상담 시 등록 유도를 위한 유용한 기초정보로 활용한다.

등록상담 기록지 사용 시 주의할 점

- 등록상담 기록지에는 부모와 수련생의 성향과 특기 상황을 기록하며, 수련생의 과거 또는 현재 병력을 반드시 확인해 지도 시 참고한다. 이외에도 수련에 대한 부모나 수련생의 요구 상황을 정확히 파악해 작성한다.
- 등록한 경우 상담 자료는 지도자 밴드 등 지도자 공유 공간에 탑재 다른 지도자들과 자료를 공유한다.
- 미등록의 경우에는 지속적인 관리를 통해 등록을 유도하기 위한 자료로 활용한다.
- 수련생·부모의 연락처를 반드시 기재해 주기적으로 도장의 소식이나 안부 문자를 보낸다. 이때, 수련생·부모에게 이에 대한 동의를 구하는 것이 필요하다. 단, 연락처 기록 및 보관에 대한 동의를 구할 때는 강제성을 띠면 안 된다.
- 전화상담 시 등록상담 기록지를 활용한다.

상담기록지

상담기록지

방문 / 전화	상담자 :		일시 : 2019년 월 일 시
예비수련생 이름			
학교(유치원)		반	
거주지		전화번호	부 : 모 :
상담경로	☐ 인터넷　☐ 지인 소개(　　)　☐ 광고　☐ 기타(　　　　)		

상담 내용

신체	인성	사회성	기타

방문 예정일		체험 예정일	

차량운행	탑승 장소	
	탑승 시간	

모바일 도장 소개 안내 여부	O	X

등록여부	

2) 도장 소개 자료

　도장 등록을 위해 방문하는 경우 지도자는 부모와 예비수련생에게 도장에 대한 다양한 정보를 제공해야 한다. 사전 예약 없이 방문상담이 이루어지는 경우가 많기에 지도자들은 평소 상담에 필요한 도장운영 및 수련 소개 도장 안내 자료(파일)를 준비해 둔다. 도장 소개 자료에는 태권도 수련의 장점, 도장시설, 수련기구, 운영과 태권도 수련의 특성, 수련시간표, 연간 수련 계획표 등이 포함된다. 도장을 소개할 때에는 될 수 있으면 시청각 자료(PPT, 영상자료)를 활용해 도장에 대한 이해도를 높인다.

도장 소개 자료 준비 및 활용 방법

- 도장의 주요 행사와 수련과정을 담은 자료를 미리 준비해 부모의 호기심과 궁금증을 풀어준다. 행사나 캠프, 체험교육 등의 도장 소개 자료는 컴퓨터를 보여주는 것도 좋다.
- 태권도와 관련된 공신력 있는 자료(집중력, 성장발육, 태권도 수련의 장점, 운동의 필요성을 강조하는 내용 등)는 논문 또는 신문기사자료 등을 활용해 태권도의 교육효과에 대한 신뢰도를 높인다.
- 부모와 수련생에게 시각적으로 정보를 전달하기 위해 파워포인트(PPT)나 프레지(Prezi)를 활용해 상담 자료를 제작한다.
- 도장 소개 자료에는 도장소개, 관훈과 교육목표, 요인별 수련 내용과 수련시간표(학기 중과 방학 중), 급·품·단 현황표, 교육프로그램, 인사법 및 예절 교육내용, 음악줄넘기 지도내용, 도장 행사 및 이벤트, 포인트 제도 상벌사항, 포인트별 상품안내, 월 수련 계획표 및 우수 수련생 사진 등이 포함된다. 이때 각각의 자료들은 도장 등록 관련 파일의 투명 비닐 페이지 안에 올 컬러로 인쇄된 A4용지 크기의 문서로 깔끔하게 정리해 두거나 제본해 두면 좋다.

도장 소개 자료, KTA 제공

3) 모바일 SNS를 통한 도장 안내 및 홍보자료

　　최근 대표적인 소비자 트렌드는 모바일 SNS(Social Network Services)이다. SNS의 장점은 누구나 접근이 쉽고 필요한 정보를 얻기 쉬우며 원하는 정보를 다수에게 동시에 제공할 수 있다는 것이다. 소비자는 업체의 모바일 바이럴 마켓팅(mobile viral marketing)을 통해 정보를 수집하고 의사결정에 적극적으로 활용한다. 이런 소비자의 의사결정 트렌드에 맞추어 도장은 도장 소개와 홍보에 모바일 SNS를 적극적으로 활용한다. 한눈에 볼 수 있고 쉽게 접할 수 있는 SNS 전용 안내 자료를 준비한다. 도장에서 활용 가능한 모바일 SNS는 모바일 카드뉴스, 모바일 홈페이지, 블로그, 인스타그램, 페이스북 등이 있다.

- 페이스북: 불특정 다수를 대상으로 사용하기 좋고 지역과 상관없이 사용 가능하다는 것이 장점이다. 특히, 모바일 이용을 많이 하는 성인을 대상으로 사용하면 좋다.
- 블로그: 지역 주민을 대상으로 사용하기에 적합하다.
- 인스타그램: 사진 위주로 되어 있어 젊은 엄마들 대상으로 홍보하기에 좋은 수단이다.
- 유튜브: 동영상 위주로 되어 있어 유튜브에 친숙한 아동들을 대상으로 사용하면 효과적이다.

SNS 안내자료 활용 방법

- 홈페이지와 함께 접근이 쉬운 모바일 홈페이지도 함께 개발하여 사용한다.
- 비용을 들이지 않고 지도자가 직접 간편하게 도장의 홍보와 안내를 할 수 있는 SNS로는 블로그, 인스타그램, 페이스북 등이 있다.
- SNS를 이용해 도장 안내 자료와 도장 소식을 지속해서 게시하여 도장에 대한 정보 제공과 소비자들의 접근성을 높인다. 이때, 도장 안내 및 홍보를 위해 모바일 홈페이지, 카드뉴스 등을 사용하는 것이 좋다.
- 등록원서 작성 시 개인정보 이용에 동의한 부모에게만 SNS 안내 자료를 발송한다.
- 도장 관련 자료를 보낼 때는 개인정보가 누설되지 않도록 주의한다.
- 불필요한 광고를 탑재하지 않고, 도장과 관련 없는 내용이 탑재되면 즉시 삭제한다.
- 정치적 또는 종교적 의견을 표명하지 않고, 불필요한 논쟁이 이루어지지 않도록 주의한다.

4) 도장 등록원서

　등록이 확정되면 부모는 등록원서를 작성해야 한다. 등록원서는 신규수련생의 신상정보와 교육기초자료로 활용된다. 또한, 등록원서에 기재한 부모의 연락처로 수련생이나 도장에 관한 다양한 자료를 발송한다. 등록원서는 도장에서 마련한 서식에 맞추어 부모가 작성하는 것이 일반적이다. 컴퓨터 프로그램을 이용해 부모가 보는 앞에서 등록 관련 정보를 입력할 수 있다.
　개인정보보호법이 강화되고 있다. 수련생의 개인 사진이나 영상 등을 도장 SNS을 이용해 탑재하는 경우가 많다. 이에 등록원서를 작성할 때에는 개인정보 수집 및 이용 동의서도 함께 작성한다.

등록원서 준비 및 활용 방법

- 등록원서는 도장의 모든 지도진이 이용할 수 있는 양식으로 제작한다.
- 등록원서에는 부모의 전화번호와 E-MAIL 주소란을 만들어 부모의 연락처를 확보한다. 확보된 연락처로 각종 자료를 보낸다.
- 등록원서에는 개인 정보가 포함되어 있으므로 개인정보 이용에 대한 동의를 체크하는 것이 중요하다. 수련생의 개인 사진이나 영상 등을 도장 SNS에 사용해도 된다는 내용을 반드시 첨부한다.
- 지도자 밴드 등을 이용해 지도자들은 신규 수련생의 정보를 반드시 공유한다.

도장등록원서 - 앞면

태권도장 제자 희망서

☐ 신규 제자   ☐ 재입관 제자   ☐ 정보변경

+ 제자와 보호자님이 함께 작성해 주세요

성명		성별	☐ 남 ☐ 여
생년월일	년 월 일	이메일	@
학교/유치원		반	
주소		주 보호자(부,모)	
전화번호	부: 모:		

+ 제자를 알아가기 위한 필수 질문들

태권도를 수련한 경험이 있나요?	네 / 아니오 배웠다면 언제까지 배웠나요? (년 월 일 띠, 품) 그만둔 이유는 무엇인가요?
태권도를 배우고 싶은가요?	네 / 아니오 이유는?
다른 운동을 배운 적이 있나요?	네 / 아니오 종목 : 기간 :
건강 상태는 어떤가요?	1. 건강 2. 가끔아픔 3. 자주아픔 4. 현재도 아픔
성격은 어때요?	1. 활발하고 리더십이 있다 2. 사교적 3. 내성적 4. 낯가림, 적응력 부족 5. 내성적이나 친해지면 활발함 6. 감정표현을 잘 함 7. 감정표현이 적음 8. 겁이 많음 9.기타( )
예절은 잘 지키나요?	상 중 하
체력은 어떤가요?	상 중 하
태권도가 필요한 이유는?	1. 인성교육 2. 사회성 향상 3. 호신술 4. 기초체력 향상 5. 다이어트 6. 키 성장
태권도 시작 가능일은?	수련 가능 여부: 체험/첫 수련 일자 :
차량 탑승 여부	O , X
차량 승/하차 장소	승차 : 하차 :
도장을 알게된 경로는?	1. 자녀 2.지인 3. 보호자 4. 인터넷 5. 홍보물 6.기타

형제관계	남 녀 째
과거 병력, 치료 상황	
현재 치료를 받고 있나요?	1. ADHD 2. 틱증후군 3. 심리치료 4. 미술치료 5. 치아교정 6. 기타
원하는 수련기간	1. 품까지 2. 학년까지 3. 아이가 원할 때 까지 4. 미정
도장 수련시간 (선택)	00시 00분 ~ 00시 00분 00시 00분 ~ 00시 00분 00시 00분 ~ 00시 00분 00시 00분 ~ 00시 00분 00시 00분 ~ 00시 00분

대한태권도협회 KTA 대한태권도협회 등록도장

도장등록원서 -뒷면

태권도장과 약속하기

1조 "안전하게 수련하기" 규정

태권도 수련 중에는 뜻하지 않게 다칠 수도 있어요! 저희 지도진은 제자가 병원에 이송되기 전까지 할 수 있는 응급처치를 할 거랍니다. 또한, 제자의 상황을 보호자께 바로 보고드릴 거예요. 혹시나 제자가 개인적으로 실수로 다쳤을 경우, 저희 지도진에게 알리지 않으면 저희는 아이가 다쳐도 알 수 없을 지도 몰라요. 도장에서 일어나는 부상, 괴롭힘 등이 있으면 주저 하지 않고, 지도진에게 꼭 알리라고 교육해주세요!

네, 알겠습니다. (서명)

2조 "레벨 UP! 승급심사" 규정

승급심사는 2개월 단위로 진행해요. 제자가 10회 이상 결석하면 승급심사를 받아도 승급이 되지 않는 답니다. 부득이한 경우에는 반드시 도장에 미리 연락을 주세요.

네, 알겠습니다. (서명)

3조 "학부모님의 소중한 교육비 환불" 규정

개인적인 사유 (시험공부, 질병, 여행 등)로 결석할 경우에는 납부하신 교육비가 환불되지 않아요.
(단, 입원 등 심각한 질병이나 사고의 경우는 예외랍니다.)
여름 방학, 겨울 방학에는 여행보고서를 제출해주세요. 그 기간만큼 교육비를 차감해 드릴게요.
교육비가 2개월 이상 연체되었을 경우는 문자 메시지를 통해 연체문자를 보내드려요.
개인 사정으로 2개월 이상 연체되시는 분은 미리 연락해 주세요.

네, 알겠습니다. (서명)

4조 "친해지기, 화해하기" 규정

혹여, 제자와 지도진 혹은 보호자님과 지도진, 제자와 제자들 사이에 문제가 발생하여 서로 마음 아픈 일이 발생할 경우에는 감정적이 아닌 이성적으로 문제를 해결하도록 함께 노력해주세요. 부탁드립니다.

네, 알겠습니다. (서명)

5조 개인신상정보활용 규정

도장 내에서 일어나는 행사, 교육등을 받는 사진, 영상에 대한 자녀와 부모님의 개인신상정보 활용을 하려고 합니다.
자녀 및 부모님의 사진, 영상을 SNS 인터넷 카페에 업로드가 될 수 있습니다

네, 알겠습니다. (서명)

태권도장은 제자가 언제나 즐겁고,
바르게 태권도 수련을 할 수 있도록 올바르게
지도하겠습니다.

태권도장 지도진 (서명)

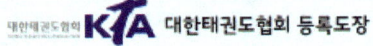
대한태권도협회 등록도장

도장 소개 및 홍보 자료에 부모와 수련생이 노출될 수 있으므로 등록원서 작성 시 부모는 반드시 개인정보 수집 및 이용 동의서를 작성해야 한다.

5) 도장 상담 환경

부모는 도장에 들어서는 순간 눈에 보이는 환경으로 도장 분위기를 평가한다. 첫인상은 도장 입구와 사무실 환경에서 결정된다. 상담실이 따로 마련되어 있지 않고 사무실에서 상담이 이루어지기 때문에 상담 장소를 항상 깨끗하게 정리 정돈해 둔다. 비품, 장비, 가구 관리도 신경을 써야 한다. 환기 등에 신경을 써 이상한 냄새가 나지 않도록 주의한다.

도장 상담 환경에 유의할 점

- 도장의 청결과 정리정돈 상태는 도장에 대한 첫인상을 판단하는 중요한 기준이 된다. 지도진은 항상 도장 환경에 신경 써야 한다. 이때 도장의 청결한 환경 관리를 위해 도장은 요일별 청소 역할 표 등을 활용한다.
- 도장에서 땀 냄새와 곰팡이 등 불쾌한 냄새가 나지 않도록 환기에 신경 쓴다.
- 미세먼지가 사회적으로 문제가 되면서 공기 오염에 민감한 부모와 수련생이 많아지고 있다. 공기청정기 등을 사용해 쾌적한 실내 환경을 만든다.
- 도장 온도와 습도에도 신경을 쓴다. 온풍기와 에어컨 등 냉난방 장치를 설치하고 냉난방 장치를 주기적으로 청소한다. 사무실 등에는 가습기를 설치해 적절 습도도 함께 유지한다.
- 사무실 내부에는 각종 기관에서 받은 위촉장, 감사장, 트로피나 상장 메달보다는 책으로 연출을 해두는 것이 효과적이다. 기존의 트로피, 메달, 상장 등은 책장과 다르게 사무실 입구 쪽에 진열해 놓는다.
- 지도자의 컴퓨터 모니터 화면은 사무실 입구에서 보이지 않는 방향에 놓는다. 사무실에 들어선 순간 인터넷 포털 사이트가 열려 있는 모니터 화면이 보이지 않도록 주의한다.
- 도장의 인테리어도 신경을 써 도장은 될 수 있으면 밝은색으로 한다.

- 시설은 안전을 고려해 제작·설치한다. 도장 매트와 안전보호대 쿠션은 수련생들이 다치지 않도록 신경을 쓴다. 탁자나 사물함 모서리 등에 아이들이 부딪혀 다칠 수 있으므로 동그랗게 만든다. 또한, 화장실이나 탈의실, 사무실 등 모든 문에 안전장치를 달아 안전사고에 예방한다.
- 도장 벽에 태권도 도구와 용구를 보관하는 경우가 많다. 아무리 정리를 잘 해두어도 지저분해 보일 수 있다. 블라인드를 이용한 포토존을 만드는 것도 도움이 된다.

도장 청소 체크리스트

항목	담당자	월		화		수		목		금	
		오전	오후	오전	오후	오전	오후	오전	오후	오전	오후
1. 사무실 및 도장 청소											
2. 태권도 용품 정리하기											
3. 화장실 청소하기											
4. 정수기 주변 정리											

상담하기에 좋은 환경 예시

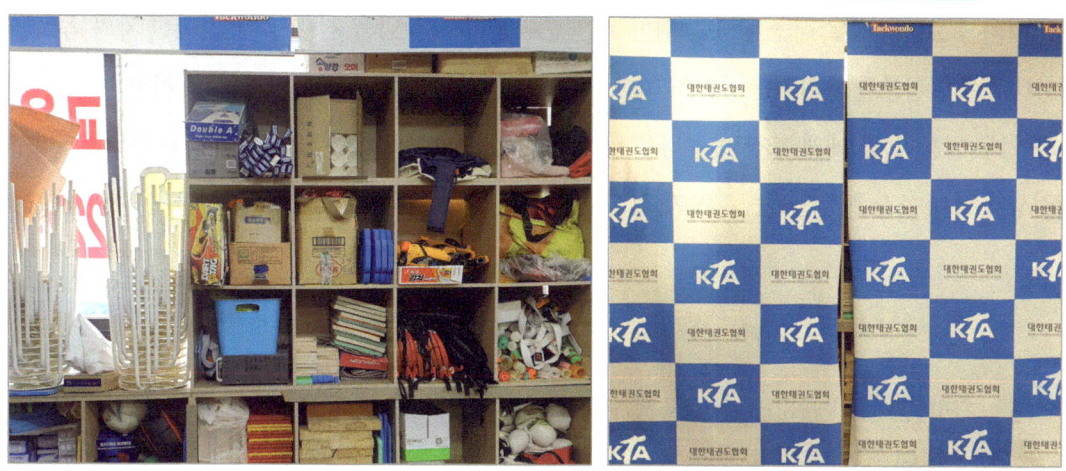

포토 블라인드 설치 예시

포토존 블라인드 내리기 전 / 포토존 블라인드 내린 후

6) 기타

(1) 명함

사회생활에서 명함을 주고받는 건 보편적인 일이다. 지도자는 도장만의 특색이 담긴 명함을 준비해 부모에게 건네면 도장을 방문한 부모에게 좋은 첫인상을 심어줄 수 있다. 명함에는 도장 및 지도자 이름, 지도자 경력, 전화번호, 이메일 주소 등 부모가 궁금해하는 정보를 포함한다.

명함 준비 및 활용 방법

- 다른 도장과 이미지 차별화와 전문성을 알리는 방법으로 명함을 활용한다.
- 명함은 도장의 특색이 드러나도록 제작한다.
- 부모와 인사를 나눈 후 명함을 전달한다.
- 모바일 명함을 활용한다.

(2) 접대용 차와 음료

차와 음료는 자연스러운 상담을 위한 기본 준비물이다. 상담을 진행할 때, 간단한 차와 음료는 상대방에게 편안한 분위기를 만들어 준다. 또한, 도장에 방문한 방문자(신규상담, 기존 부모님, 기타 업무 방문자 등)에게 도장이 손님을 맞이할 준비가 되어 있다는 인식을 준다. 부모가 예비수련생과 함께 도장을 방문하는 경우가 많으므로 아이들이 즐겨 찾는 음료나 사탕을 준비해 둔다.

차와 음료 준비 및 활용 방법

- 기본 차 종류인 커피, 녹차, 둥굴레차, 음료(주스 종류)부터 계절에 따라 계절 특색 차(국화차, 재스민차 등)를 준비하는 것도 좋다.
- 고급스러운 상담실 분위기를 연출하는 데 커피 머신을 활용할 수도 있다.
- 차를 내리는 과정을 직접 눈으로 볼 수 있는 간단한 다도 세트를 준비하는 것도 좋다.
- 부모와 함께 온 예비수련생의 경우 원활한 상담에 방해 요인이 될 수 있으므로 예비수련생을 위한 음료와 사탕, 과자도 함께 준비해 둔다. 또한, 예비수련생이 좋아할 만한 도서를 비치해 두는 것도 하나의 방법이다.

재치가 있는 메뉴판 예시

02. 전화상담

1) 전화상담의 중요성

전화상담은 도장을 선택하려는 예비수련생과 부모와의 첫 번째 만남이자 도장의 이미지를 결정하는 중요한 수단이다. 지도자는 전화상담을 통해 도장에 대한 정보와 이미지를 전달할 수 있다. 전화상담 시 표정이나 동작의 도움 없이 지도자는 음성과 어투만으로 도장의 이미지가 전달되기 때문에 이에 대한 세심한 주의가 필요하다.

원활한 전화상담을 위해서 도장은 전화상담 매뉴얼을 개발하고 지도자들은 반복 연습을 통해 이를 정확하게 숙지하고 있어야 한다. 받는 사람과 상관없이 같은 방식으로 전화상담에 응대해야 한다. 전화상담 시 상담 내용을 꼭 상담 일지에 기록하며 방문상담으로 연결되도록 한다.

2) 도장에서 전화하는 경우

(1) 결석하는 경우

· 수련생이 연락도 없이 결석할 경우 결석 당일 바로 부모에게 확인 전화를 한다.

- 사유가 있어 일정 기간 결석하기로 한 경우 결석 기간이 끝난 후에도 오지 않을 경우 전화한다.

(2) 다쳤을 경우

- 수련생이 다쳤을 때 지도자가 제대로 대처하지 않으면 부모가 항의하는 상황이 발생할 수 있다. 지도자는 부모가 수련생의 부상에 대해 걱정하거나 궁금해하지 않도록 신속하고 정확하게 알려준다. 다쳤을 때 조치도 중요하지만, 완전히 회복될 때까지 관심을 두고 부모님과 소통하는 것이 중요하다.
- 부모에게 수련생이 다친 이유와 부상 정도를 객관적으로 이야기한다.
- 지도자가 취한 조치, 치료비용과 보험 처리 등에 대해 구체적으로 설명해준다.
- 부모가 안심할 수 있도록 집과 도장에서 해야 하는 후속조치에 대해 알려준다.
- 회복이나 치료과정에서 필요할 때마다 전화를 걸어 확인한다.

(3) 수련생 관리 차원에서 상담을 위해 전화하는 경우

- 부모는 수련생이 도장생활을 잘하고 있는지 궁금해한다. 부모가 도장에 전화하기 전에 지도자는 정기적으로 전화한다.
- 수련생의 교우관계, 도장생활, 승급 심사, 태권도 실력 등 전반적인 도장생활에 관해 이야기를 나눈다.
- 수련생의 도장생활에 대해 메모에 두었다가 전화상담 시 활용한다.

3) 부모가 상담을 요청하는 경우

- 부모가 먼저 상담을 요청하는 경우가 있다. 전화한 부모님의 의견을 청취하면서 요구 사항을 먼저 파악한다. 부모가 상담을 요청하는 경우는 크게 불만제기, 요구사항, 전달사항, 호소문제 등으로 나뉜다.

- 부모님이 요구를 파악한 후 적절하게 대응한다.
- 부정적이거나 직설적인 어법은 피하고 긍정적인 어법을 사용하며, 상대의 말을 가로막거나 미리 답변하여 불쾌감을 주지 않도록 한다.
- 수련 중이라 전화통화가 어려운 경우 부모님에게 상황을 설명해 드리고 통화 가능한 시간을 정한다. 정해진 시간에 전화 통화를 한다.

4) 전화상담 절차

도입 단계

- 가능한 전화벨이 3회 울리기 전에 받는다. 이때 상대편 전화에 도장을 소개하는 대기 안내 메시지가 나오게 한다.
- 전화를 받자마자 친절하고 밝은 음성과 정확한 발음으로 도장을 알릴 수 있는 시작 멘트와 함께 상담자의 지위를 밝힌다.
  (예, 전화 주셔서 감사합니다. 올바른 태권도교육문화를 선도하는 ○○태권도장 관장(교범, 사범, 매니저) ○○○입니다)
- 상대방을 확인 후 인사한다.
- 등록상담 기록지를 준비한다.

본론 단계

- (예비) 수련생의 나이, 이름을 확인한다.
- (예비) 수련생의 이름을 부르며 친근감을 표시한다.
- 상대방의 말을 가로막지 말고 경청한다.
- 대화 중에는 상황과 내용에 어울리는 공감표현(호응하기, 맞장구)을 사용한다.
- 질문에 대해 알기 쉬운 설명과 부연설명으로 정보를 전달한다.
- 친절하고 정중함이 느껴지는 언어와 표현을 사용한다.

마무리 단계

- 추가로 궁금한 점은 없는지 확인한다.
- 등록상담의 경우 방문상담 일을 잡는다(예: 이번 주 수요일 3시나 금요일 5시 중 어느 시간이 편하세요?).
- 도장 모바일 홈페이지 주소를 전달하기 위해 연락처를 받는다.
- 상황에 어울리는 마무리 인사를 한다.
- 통화가 어려울 때 정중하게 이유를 설명하고 양해를 구한다. 연락처를 받아 두었다가 정해진 시간에 다시 연락한다.

전화상담 후 할 일

- 지도자 밴드와 카카오톡 메신저 등을 이용해 상담 내용을 지도진과 공유한다.
- 전화상담 후 2시간 이내에 도장 모바일 홈페이지나 카드뉴스 형식의 도장 안내 자료를 전달한다.

상담 기록지 탑재 및 공유

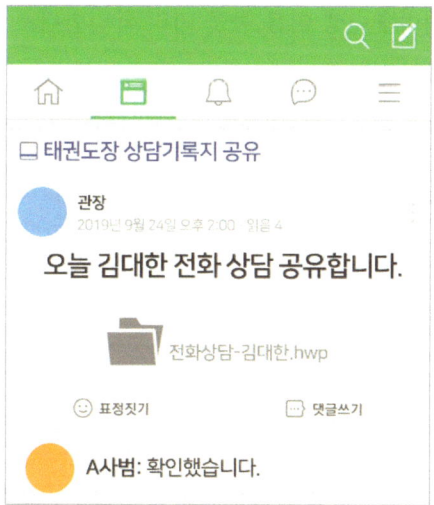

상담 기록지는 지도자 밴드나 지도자 카톡방 등 지도자가 모두 볼 수 있는 곳에 탑재해 상담 내용을 지도진과 함께 공유한다.

5) 전화통화 방법

(1) 수련 중에 전화가 온 경우

- 지도자가 혼자인 상황에서 수련 중에 전화가 오는 경우가 있다. 부모님에게 수련 중이라 전화통화가 어렵다고 말씀드린다.
- 부모님과 통화 가능한 시간을 결정한다.
- 정해진 시간에 전화 통화를 한다.
    "죄송합니다만 지금 수련 중이라 전화통화가 어려울 것 같습니다. 수련이 끝나는 ○○시 경에 전화 드려도 될까요?"
- 전화상담 도중 급한 일이 생겼을 때는 "죄송합니다. 잠깐 실례하겠습니다"라고 양해를 구한다. 급한 일이 끝나면 "대단히 죄송했습니다"라고 사과하고 부모에게 이유를 설명한 후 다시 대화한다.

(2) 전화를 거는 경우

- 전화를 걸어도 되는 상황인지 먼저 생각해 본다. 될 수 있으면 식사시간을 피한다.
- 부모님의 전화번호와 예비수련생 이름 등을 미리 확인한다.
- 어머님(아버님)이 받으면 자신을 밝히고 상대방을 확인한다.
    "안녕하세요. ○○도장 사범 ○○○입니다. ○○ 어머니(아버지) 맞으신가요?"
- 용건이 끝나면 내용을 확인하고 정리한다.
- 마무리 인사 후 어머님(아버님)이 먼저 끊는 것을 확인하고 수화기를 내려놓는다.

(3) 찾는 사람이 부재중인 경우

- 부재 이유를 이야기하고 메모를 남길 것인지 확인한다.
 "죄송합니다만 ○○○ 관장님이 지금 출장 중입니다. 메모를 남겨 두었다가 돌아오시면 전화 드리겠습니다."
 "○○시쯤 돌아오실 예정인데 죄송하지만, 그때 다시 전화 주시겠습니까?"

(4) 전화가 잘못 걸렸을 경우

- 잘못 걸려온 전화도 친절하게 응대한다.
 "실례지만 몇 번으로 전화하셨습니까? 이곳은 ○○○이 아니라 ○○○ 도장입니다. 전화를 잘못 거신 것 같습니다."

(5) 전화가 잘 들리지 않을 경우

- 잘 들리지 않는데도 대충 알아듣는 척해서는 안 된다.
- 한 번 더 이야기해 달라고 요청하거나 다시 걸어 달라고 정중히 요청한다.
 "통화 상태가 좋지 않아 잘 들리지 않습니다. 죄송합니다만 다시 전화해 주시겠습니까?"

(6) 위치를 물어보는 경우

- 상대방의 위치와 교통편을 확인하고 안내한다.
 "어디에서 오시나요? 교통편은 어떤 방법으로 오시는지요? 오시다가 찾기 어려우시면 다시 전화해 주세요."

03. 방문상담

1) 전화상담 기록 활용

방문상담은 전화상담의 연장이라고도 할 수 있다. 부모가 방문하기 전에 전화상담 기록 내용을 확인해 두면 지도자가 주도적으로 상담을 진행할 수 있다는 장점이 있다. 또한, 부모님에게 신경을 쓰고 있다는 느낌을 전달할 수 있으며 신뢰성을 높이는 데 도움이 된다.

2) 첫인상 만들기

- 지도진의 첫인상이 중요하다.
    - 밝은 표정을 짓는다.
    - 항상 깔끔하게 세탁한 도복을 착용한다.
    - 교양 있는 언어를 사용하며 진실성을 보여준다.

- 도장의 정리정돈과 청결에 신경 쓴다.
    - 도장 방문 시 첫인상은 방문자가 도장 안으로 들어선 후 3초 안에 결정된다.
    - 방문자의 상담장소 이동 동선에 시각적인 부분을 고려해 비품의 위치를 정한다.
    - 온도, 환기뿐만 아니라 습도에도 신경을 쓴다.
    - 좋은 냄새가 나는 방향제를 사용해도 좋다.

- 전문성이 느껴지도록 사무실을 인테리어를 한다.
    - 사무실 안에는 태권도 전문서적과 수련생(아동, 청소년) 관련 전문서적을 배치한다.
    - 컴퓨터 모니터는 사무실 입구에서 보이지 않는 자리에 배치한다. 컴퓨터 화면에 포털사이트가 보이지 않도록 한다.

- 상담 장소를 미리 정리한다.
    - 필요한 서류나 자료를 즉각 찾아볼 수 있도록 정리한다. 이때 펼쳐 놓고 볼 수 있는 공간을 충분히 확보한다.
    - 부모님을 위한 메모지와 펜을 준비한다.
    - 책상 위에는 상담 관련 자료를 제외하고는 모두 치워둔다.

- 상담을 위한 좌석을 배치해 놓는다.
    - 마주 보고 앉기: 보통 45cm 이내가 친밀한 거리이다. 하지만 처음 만나 사이에 너무 가까울 수 있으므로 개인적 거리 대략 90cm 정도를 유지한다.
    - L자형 또는 ㄱ자형으로 앉기: 마주 보고 앉아 시선을 교환하면 압박감이나 긴장감을 느끼기 쉽다. 이럴 경우에를 대비해 마주 보기 보다는 L자형 또는 ㄱ자형으로 앉는다. 이렇게 앉아 대화를 나누면 시선 처리하기에도 좋고, 심리적 부담도 훨씬 덜하다.

- 상담 관련 자료를 준비해 놓는다.
    - 방문 예정시간 전에 상담 기록지와 차, 명함, 도장 안내 책자 등을 준비해 사무실 책상 위에 둔다.
    - PPT를 이용할 경우에 미리 컴퓨터의 화면을 틀어 놓는다.

3) 방문상담의 기본 원리

(1) 의도 파악하기

- 부모가 도장을 방문하여 상담을 요청할 경우 방문의도를 먼저 파악한 후 적절하게 대응한다. 부모의 상담 내용은 크게 도장등록, 불만제기, 요구사항, 전달사항, 호소문제 등으로 나눌 수 있다.
- 부모는 자녀에 대한 기대와 불안감, 지도진에게 자기 생각과 자녀를 인정받고 싶은 마음을 갖고 있다. 그리고 이러한 정보를 지도진에게 확인받고 싶은 마음과 지도진의 전문성과 역량을 확인하고 싶은 마음으로 상담하기 위해 온다.
- 부모마다 성격이 다양하고 도장에 대한 기대도 다르므로 그에 맞는 대처 방안을 세워두는 것도 필요하다.

(2) 불만을 제기하는 경우

- 불만이 있어도 96%의 사람들은 귀찮아서 불만을 제기하지 않는다는 사실을 인식하고 불만 내용에 귀를 기울여서 해결해 주려고 노력해야 한다. 그 불만을 무시하면, 도장 경영상의 문제로 퍼질 수 있다.
- 불만은 까다로운 부모가 하는 것으로 단정 짓지 말고 이미 많은 사람이 그 불만을 느꼈다고 간주하고 대응을 한다. 상황을 모면하기 위해 핑계를 대서는 안 된다.
- 부모의 생각에 동조할 수 없는 경우라도 지도자는 긍정적이고 수용적인 태도를 가져야 한다. 직접적인 거부보다는 서로가 다른 생각을 하고 있음을 부드럽게 표현한다.
- 이야기를 적극적으로 경청하면서 부모의 불만 내용이 무엇인지를 정확하게 파악한다. 불만에 대한 구체적인 해결 방안을 마련해야 한다.
- 불만내용을 제기한 부모에게 불만 내용을 어떻게 해결했는지 처리 과정과 결과를 알려준다.
- 불만 제기 덕분에 도장이 발전할 수 있었다고 감사 표시를 한다.

(3) 요구사항

- 적극적으로 경청하면서 부모의 요구 사항을 파악한다.
- 요구사항이 즉시 개선이 가능한 것인지, 장기적으로 개선해야 할 사항인지를 결정해야 한다.
- 즉시 개선이 가능한 사항인 경우에는 즉각 요구사항을 반영하고 그 결과를 부모에게 알려 준다. 도장을 개선하는 데 도움을 준 것에 대해 감사 인사를 한다.
- 장기적으로 반응해야 할 요구 사항의 경우에는 개선 시점에 적용될 수 있도록 노력해야 하고 그 시점에 요구사항이 반영되도록 조치한다.
- 무리한 요구를 할 경우에는 부모의 의견에 논리적으로 대응하거나 설득하려고 하기보다는 건설적인 조언으로 받아들여 준다.

(4) 호소문제

- 적극적으로 경청하면서 호소문제의 유형을 정확하게 파악한다. 즉, 자신의 상황을 호소하는 것인지 문제에 대해 협의를 하고 싶은 것인지를 알아본다.
- 개인 상황을 호소하는 경우 지도자는 긍정적이면서 수용적인 태도로 친절하게 상담에 임하는 것이 중요하다.
- 문제를 해결하려고 노력하기보다는 호응만 해줘도 문제가 해결되는 경우가 많다. 언어적 방법이나 비언어적 방법으로 부모의 표현을 존중하고 있다는 것을 표현한다.
  - "그렇군요!, 그러실 수 있겠어요." 미소와 눈짓 등 제스처를 잘 활용한다.
- 문제에 대해 해결하려고 호소하는 경우에는 도움을 줄 수 있는 문제인지, 아닌지 파악해야 한다. 즉각적으로 도움을 줄 수 있는 것은 도움을 주고 신속하게 처리하거나 의견을 주고 정보를 수집해야 하는 상황에서는 알아보고 알려주겠다고 약속을 한다. 약속 시각을 넉넉하게 잡고 약속 시각 안에 해결하고 결과를 반드시 알려 준다.

(5) 혼자 도장을 운영할 경우

· 지원해줄 사범 없이 혼자 수련 지도를 할 경우 갑자기 부모가 방문하면 상담을 해주느라 수련생들을 그대로 방치하는 경우가 생긴다. 수련생들이 다칠 수도 있고 무질서한 모습이 상담에 부정적인 영향을 미칠 수 있다.

· 평상시에 주장을 정해 지도진이 없어도 자율적으로 수련할 수 있도록 한다. 후견인 제도를 도입하여 부모 방문 시 지도자를 대신 해 수련생을 관리하게 하여 체계가 잘 잡혀 있는 도장임을 보여준다.

4) 방문 상담 절차

도입 단계

- 상담기록, 명함, 도장안내 책자 등 상담에 필요한 자료를 상담 책상 위에 준비해 놓는다.
- 접대용 차와 음료를 준비한다.
- 도장 및 상담 장소를 정리 정돈한다.

본론 단계

- 정중하게 본인을 소개하고 상담 장소로 안내한다. 이때, 명함을 부모님에게 전달한다.
- 수련생의 개인 사항(성명, 학년, 거주지, 도장에 아는 수련생, 태권도 수련 이유 등)에 대해 질문한다.
- 방문동기와 수련생의 성격, 체력과 운동신경 등을 파악한다.
- 수련생을 밖으로 나가게 한 후 수련생의 성격, 체력, 운동능력에 대해 대화한다.[1]
- 도장 및 프로그램을 소개한다. 이때, 영상, PPT, 도장안내 자료 또는 안내 책자 등을 이용하면 더 효과적이다.
  - 지도진의 약력 및 현황, 교육철학
  - 수련시설과 수련 시간
  - 각 도장의 차별화된 부모님 초청 행사나 야외 활동 행사
  - 연령별 교육과정 및 방학 프로그램, 도장별 특화 프로그램
  - 도장과의 소통 방법
  - 수련비 및 납입 방법
- 상담이 끝날 무렵 예비수련생의 건강, 체격, 체력 등을 측정한다.
  - 태권 체력과 인바디 등을 이용한다.
  - 수련생의 태권 체력과 인바디 점수를 또래 아이들의 표준치와 비교하여 설명한다.
  - 측정된 데이터는 등록카드에 기록하여 데이터가 체계적으로 관리되고 있음을 보여준다.
- 등록 원서를 전달한다.

---

[1] 상담 시 부모와 예비수련생 분리를 기본으로 한다. 부모님과 상담하는 동안 다른 지도자의 관리하에 예비수련생은 건강 테스트를 받거나 도장 소개 동영상을 시청한다.

마무리 단계

- 질의 응답 시간을 가진다.
- 등록원서를 작성한다.
  - 등록원서는 부모님이 직접 작성한다.
  - 개인정보 수집 및 이용 동의서[2]를 작성한다.
  - 모든 내용을 숙지했다는 뜻으로 서명란에 서명을 하도록 안내한다.
- 도장 관련 내용이 들어 있는 도장 안내 자료를 부모님에게 전달한다.
- 도장 차량을 이용할 경우 승하차 시간 및 위치를 알려준다.
- 상담이 끝나면 부모와 예비수련생에게 태권도 용품, 장비, 도장 시설을 소개한다.
- 수련비를 받기 전에 예비수련생에게 도복을 입히고 도장의 규칙 등 제반 규정을 설명한다.
- 사범이 있으면 정중하게 소개한다.
- 수련비와 도복비 정산 후 영수증을 건넨다.
- 상담 시 보여주었던 도장 안내 자료[3], 홍보물, 선물을 챙겨준다.

방문상담 후 할 일

- 방문상담 기록지 내용을 지도진과 공유한다.
- 차량운행을 이용하는 경우 차량기사님에게 차량탑승시간과 장소를 전달한다.

상담 후 등록 결정을 보류한 경우

- 상담 후 등록 결정을 보류한 예비수련생과 부모에게는 정기적으로 도장을 안내하는 카톡이나 문자 등을 보낸다.
- 체험권[4] 또는 ○○행사 초대권 등을 배부한다.

---

2) 태권도장에서 사진이나 영상을 제작해 SNS 등에 공유하는 경우 자녀의 모습이나 부모님의 모습이 노출될 수 있기 때문이다.
3) 수련비 입금 온라인 계좌번호, 평상시 시간표, 방학 때의 요일별 시간표나 특강 내용, 주말 교육 문의 등이 포함된다.
4) 체험권의 체험 기간은 3일 이내로 한다.

태권도장 체험권 예시

상담 후 등록을 보류한 경우 무료 체험권 등 이벤트 자료를 보내거나 정기적으로 도장을 안내하는 카톡이나 문자 등을 보내 도장에 대한 관심이 끊어지지 않도록 한다.

5) 부모와 함께 온 예비수련생 관리

부모 혼자 상담을 오는 경우도 있지만, 예비수련생과 함께 상담을 오는 경우가 많다. 부모와 상담을 진행하다 보면 예비수련생이 지루함을 느끼거나 짜증을 내는 경우가 종종 있다. 이럴 경우 부모의 마음이 급해져 상담이 제대로 진행되지 않을 수 있다.

상담 시 부모와 원생의 분리를 기본으로 한다. 이때 원생을 위해 아이들이 좋아하는 사탕, 과자, 음료수 등 간식을 준비한다. 부모와 상담이 진행되는 동안 원생이 태권도에 대한 재미와 자신도 태권도를 잘할 수 있다는 유능 감을 심어줄 수 있는 아래와 같은 다양한 활동을 준비한다.

(1) 태권도 수련 체험

예비수련생은 지도자와 간단하게 인사를 나눈 후 사범과 함께 태권도 수련을 실시한다. 태권도 수련 체험이 어려운 경우 격파, 발차기 등, 5-10분 사이에 가능한 간단한 태권도 동작을 체험한다. 관장이나 사범이 혼자인 경우에는 상담 전에 간단한 태권도 동작을 체험하게 한다.

태권도 수련 체험

부모님이 상담하는 동안 격파, 발차기 등 5-10분 동안 진행이 간단한
태권도 동작 체험의 기회를 제공하여 태권도에 대한 관심을 높인다.

태권도 수련 체험

(2) 도장 소개 동영상 시청하기

나이가 어리거나 성격이 소심해 부모와 떨어지지 않으려는 예비수련생이 종종 있다. 이럴 때 부모와 분리하기보다는 태블릿 등 기기를 이용해 태권도 관련 동영상을 보여준다. 이때 도장 수련 장면, 각종 행사 및 대회 관련 동영상이나 태권도 관련 유튜브를 보여준다. 동영상 시청을 통해 예비수련생은 도장 활동이나 수련 내용에 대해 재미를 느낄 수 있도록 한다. 도장 소개 동영상은 관련 앱을 이용하면 쉽게 제작할 수 있다.

태블릿 등 기기를 이용한 호감도 높이기

부모와 떨어지지 않으려는 수련생의 경우 태블릿 등 기기를 이용해 도장 행사나
태권도 관련 동영상을 보게 해 도장에 대한 호감도를 높인다.

(3) 태권도 수련용품 체험하기

태권도에 대한 예비수련생의 호감도를 높이기 위해 태권도 수련 용품 체험 시간을 가진다. 태권도 보호대 착용해 보기, 미트(이동형 파워 미트), 격파용 도구 등을 이용해 쉬운 태권도 동작을 체험해볼 기회를 준다.

태권도 보호대 착용해 보기, 미트(이동형 파워 미트), 격파용 도구 등을 이용해
동작을 체험해볼 기회를 준다.

6) 지도자의 태도

- 사전 예약 없이 방문하는 경우가 많으니 항상 복장과 외모에 신경 쓴다.
- 알아듣기 쉬운 말을 사용하며 친근감 있는 태도로 대한다.
- 전문성이 느껴지도록 말투(예, 사투리) 등에 신경 쓴다.
- 일방적인 대화보다는 서로 자유롭게 이야기할 수 있는 분위기를 만든다.

- 주변 도장을 험담하거나 공격하지 않는다.
- 주제에 벗어나지 않고 상담요지를 분명히 한다.
- 다른 수련생의 개인적인 예는 피한다.

04. 등록 후 안내절차

등록 원서를 토대로 상담을 직접 진행한 지도진이 다른 지도진과 등록 수련생과 부모의 성향에 관해 이야기를 나눈다. 향후 발생 가능한 여러 가지 일들에 대해 예상하고 대안을 준비한다. 아울러 수련생에게 도움을 주는 방법과 수련생과 부모의 요구가 무엇인지 파악하고 해결 방안에 대해 의견을 나눈다. 직접 모여 이야기를 나누는 것이 좋다. 하지만 어려운 경우에는 지도자 밴드 등 지도자 모임에 관련 자료를 탑재해 자료를 공유한다.

1) 수련 1일차

(1) 첫 수련 확인 메시지 전달

첫 수련일 오전에 문자나 메시지를 이용해 수련시간, 차량탑승시간, 귀가 시간 등에 대해 부모와 수련생에게 안내한다.

(2) 첫 수련 직전 준비물 체크

수련생 지도 시 주의해야 할 내용이나 특이 사항에 관해 확인하고 등록 수련생의 첫 수련에 필요한 프로그램과 도구를 미리 준비하여 체크한다.
- 수련 전, 하얀 띠 수련과정표를 준비해 둔다.

본론 단계

'안녕하세요, ○○○어머님(아버님), ○○○○태권도장 관장 ○○○입니다.
오늘 ○○○이가 처음 태권도를 만나는 날입니다. ○○이가 잔뜩 기대하고 있을 텐데요. 첫 수련이 즐겁고 행복한 수련이 될 수 있도록 체험수련을 저희 지도진들이 준비하고 있습니다.
오늘 ○○이의 수련시간은 ○시 ○○분입니다. 마치는 시간은 ○시 ○○분입니다. 차량 탑승시간은 ○시 ○○분, 하차시간은 ○시 ○○분입니다. 차량 승·하차 장소는 ○○아파트 ○○동 앞입니다. 참고 해주시기 바랍니다.
○○이에게 태권도 수련을 통해 유익한 가르침이 있는 즐거운 태권도장이 될 수 있도록 최선을 다하겠습니다.

(3) 첫날 수련 후 메시지 전달

수련 시간에 도복을 입은 모습을 사진 촬영한다. 또한, 수련 중 즐겁게 웃는 모습을 촬영해 귀가 후 아래 글귀와 함께 전달한다.

첫날 수련 후 전달 문자 또는 메시지 문구 예

'어머님(아버님) ○○이에게 태권도복이 매우 잘 어울립니다. 멋지지 않나요?
처음 접한 도장 환경인데도 불구하고 어머님의 현명한 판단 덕분에 같은 또래 아이들이 있어
그런지 낯설어 하지 않고 아이들과 잘 어울립니다.'

'어머님(아버님) 오늘 ○○이의 첫 도장 생활은 사진에서 보시듯이 아주 즐겁게 보냈습니다.
○○이의 환한 웃음이 언제나 함께할 수 있도록 지도하겠습니다.'

2) 수련 3일차

3일 차 수련을 마치고 부모에게 전화로 신규 수련생의 도장 생활을 알려드리고 상담 시 부모님 걱정했던 부분들에 관해 이야기를 나눈다.

3일 차 수련 안내를 위해 다음과 같은 준비를 거치는 것이 좋다.
① 매일 즐겁게 적응하는 수련생의 모습을 사진과 영상 촬영을 한다.
② 전화 통화를 통해 수련생에게 관심을 지속해서 가지고 있으며 적응을 위해 노력한다는 모습을 부각한다.

3) 수련 7일차

1주일 동안 도장에서 촬영한 사진과 간단한 영상을 편집해 신규 수련생만을 위한 '○○이의 ○○○○ 도장 적응기 영상'을 제작해 부모에게 보낸다. 이때 아래와 같은 글귀를 함께 발송한다.

7일차 수련 후 전달 문자 또는 메시지 문구 예

'○○이가 하얀 도복을 입고, 띠를 매고, 기합을 넣으며 환하게 웃는 모습이 너무 사랑스럽습니다. ○○이가 도장에서 지금처럼 환한 웃음을 보이며 바르고 건강하게 자랄 수 있도록 최선을 다해 지도하겠습니다.

4) 수련 15일차

2주의 수련 기간이 지나면 신규 수련생의 도장 적응은 잘 되었다고 판단되지만, 부모의 불안과 걱정은 아직도 진행형일 것이다. 이때 지도자의 손편지 한 통이 부모의 불안과 걱정을 한시름 덜게 할 수 있다. 디지털 시대에는 가끔 아날로그 방식으로 접근하는 것이 더 큰 효과를 볼 수 있다.

수련 15일 차에 담당 지도자가 손편지로 직접 작성한 15일간의 도장 생활을 보고 느낀 점을 간단하게 기술한다. 더불어 집에서 부모가 유심히 살펴봐 주었으면 하는 내용을 작성한다. 그리고 부모에게 다음의 안내 글을 보낸다. "어머님(아버님) 도장 생활 안내문을 ○○이편으로 보내드리오니 꼭 확인하시기 바랍니다."

손편지 내용 작성 예

어머님(아버님), 안녕하세요. ○○○○ 태권도장 ○○이 담당 사범 ○○○입니다.

이렇게 손편지를 통해 인사드리게 되어 쑥스럽기도 합니다.
제가 용기를 내어 부족한 글솜씨이지만 글을 올리는 이유는 어머님(아버님)의 사랑하는 자녀 ○○이의 도장 적응에 대해 말씀드리려 합니다.

첫날, 수줍게 제 손을 잡던 ○○이의 손은 이제 힘차게 하이파이브를 할 줄 아는 용기 있는 손이 되어있답니다.

이름을 부르면 아주 작은 목소리로 대답하던 ○○이는 이제는 달려와 제 품에 안기는 귀염둥이랍니다.

아직은 수련 분위기가 낯설고 도장의 규칙이 서툴러 실수를 하고 주변 친구들과 서로 작은 트러블이 있을 때도 있지만 그런 경험을 토대로 성장하고 있는 기특한 ○○이를 지도할 수 있어 매우 기쁩니다.

집에서 어머님(아버님)이 주시는 사랑과 관심에 비할 바가 되지는 못 되지만, 도장에서의 1시간이 ○○이에게 하루 중 가장 즐거운 시간, 행복한 시간이 될 수 있도록 최선을 다하겠습니다.

○○이의 참 스승이고 싶은 담당 사범 ○○○드림

5) 수련 30일차

등록원서 작성 후 체크 사항에서 언급한 하얀 띠 수련과정표를 부모에게 보고서 양식으로 준비해 보낸다. 하얀 띠 수련과정표는 신규수련생이 도장에 등록하고 1일 차부터 한 달간 도장에서 교육받은 내용을 서술하고 체크한 것으로 수련 30일 차에 이를 부모에게 보낸다.

- 1일 차 : 인사 배우기
- 2일 차 : 도장 시설 및 안전 교육
- 3일 차 : 태권도 주먹 - 용기 주먹 / 부끄러운 주먹 배우기
- 4일 차 : 게임으로 배우는 태권도 주먹지르기 등

각 일차에 진행 내용과 숙련도를 체크하고 평가하여 부모님에게 보내면서 흰 띠 과정을 마치는 의미인 "부모님과 함께하는 첫 띠갈이 안내문"을 함께 보낸다.

첫 띠갈이 안내문

안녕하세요. 0000태권도장 입니다. ^^
긴장된 모습으로 태권도장의 문을 두드리던
사랑하는 00이가 본격적인 태권도수련의 시작을 위한 문 앞에 섰습니다.

지금까지의 태권도 수련은 기술보다는 보조운동을 통하여 태권도에 대한 즐거움을 알고, 성서석 안정을 찾아주는 보조운동이었고, 앞으로 본격적인 태권도수련을 실시하려고 합니다.

태권도 수련이 힘이 들 때도 있겠지만 심사 후에 자신도 할 수 있다는 성취감과 자신감이 우리 아이들을 자신감이 넘치고 능동적인 성격으로 만들어 줄 것입니다.

사랑하는 00이가 멋지고 강하게 성장할 수 있도록 적극적인 관심과
응원 부탁드립니다 ^^

이에 0000태권도장의 수련생이 된 것을 인정하는 첫 띠갈이를 준비했습니다.
바쁘시겠지만 학부모님들께서 꼭 참석하시어 자녀들에게 격려와 박수를 보내주세요
^^

일 시 :	2019년 월 일 00:00시 ~ 00:00시
장 소 :	0000 태권도 수련장
준 비 물 :	수련생은 도복 . 띠 착용, 부모님들께서는 즐겁고 행복한 마음

수련진행표 예

하얀띠 수련진행표

성명 :　　　（　세）
시작 :　　월　　일

기본 예절 교육기간

1회차(일)	2회차(일)	3회차(일)	4회차(일)	5회차(일)
인사방법 (관장▶사범▶친구) 상황에 따른 요령 (도장, 외부도 같다)	도장 출입 요령 (도장, 사무실, 화장실) 국기에 대한 맹세 (출입 시 멈춤)	도복 착용 띠 착용 (외부 대처법) 도복 정돈 법	올바른기합 대화 예절	등원 및 귀가 태권도사계명

기본규칙 및 기초수련

6회차(일)	7회차(일)	8회차(일)	9회차(일)	10회차(일)
소지품 정리 몸의 구분 (얼굴, 몸통, 다리)	수련장에서 안전수칙 (지도자의 유무) 손의 명칭 (손바닥, 손등, 손날 손끝, 바탕손)	수업전 대기방법 발의 명칭 (발바닥, 발등, 발날, 앞축, 뒤꿈치, 발날 등) 공격사용 시 주의	휴게실 이용법 주먹쥐기	탈의실이용법 준비서기자세 (기본, 겨룸새)

기본원리 및 체력

11회차(일)	12회차(일)	13회차(일)	14회차(일)	15회차(일)
주먹 지르기 팔굽히기 (Push Up)	주먹쥐고 표적맞추기 핸드워크 (Hand Walk)	팔꿈치 활용법 발바꾸기 (Mountain Clime)	아래막기 스쿼트 (Squat)	얼굴막기 윗몸일으키기 (Sit Up)
16회차(일)	**17회차(일)**	**18회차(일)**	**19회차(일)**	**20회차(일)**
몸통막기 옆 스트레칭 (Side Stretching)	손날 목치기 앞뒤스트레칭 (Front Stretching)	앞 서기 전후이동 삼각형 스트레칭 (Triangle Stretching)	앞굽이전후이동 프랭크 (Fland)	배들이 전후 이동 배들어 올리기 (Bridge)

기본기

21회차(일)	22회차(일)	23회차(일)	24회차(일)	25회차(일)
주춤서기 (중심이동) 무릎올리기 (앞,뒤,옆)	발차기 사용주의 앞차기 (앞발이용)	앞차기 (뒷발 이용)	돌려차기 (앞발 이용)	돌려차기 (뒷발 이용)

기본동작 따라하기

26회차(일)	27회차(일)	28회차(일)	29회차(일)	30회차(일)
찍기 (무릎사용) 기본차기 12단계 (2회 반복)	기본서기 12단계 (2회 반복)	기본막기 13단계 (2회 반복)	기본스텝 13단계 (2회 반복)	기본공격 12단계 (2회 반복)

첫 수련 전에 신입 수련생의 하얀 띠 수련진행표를 미리 준비해 둔다.

KTA 태권도장 상담 매뉴얼
KTA Taekwondo ACADEMY COUNSELING MANUAL

3장.
도장 상담 매뉴얼

본 장은 1장의 상담이론과 상담기법을 토대로 구성되었다. 태권도 도장에서 흔하게 발생하는 도장등록, 수련 프로그램, 교육효과, 심사 및 대회, 구성원 간의 갈등과 수련생부상, 차량운행, 휴관퇴관 상황에서의 권장과 비권장 상담예시가 포함되어있기 때문에 3장의 권장, 비권장 답변을 참고하여 실제 상담에 적용할 수 있도록 하였다.

3장 도장 상담 매뉴얼

01. 도장 등록

1) 전화연결

- 전화 상담은 도장을 선택하는 **부모와의 첫 번째 접점**으로 도장의 첫 인상을 결정하는 중요한 단계이다. 전화는 예고 없이 찾아오는 방문객이라고도 할 수 있다. 얼굴 없는 만남은 정보화시대의 중요한 업무수단 중 하나이다.
- 전화를 걸어온 **부모의 입장**에서는 짧은 시간에 도장에 대한 많은 정보를 파악해 의사결정의 수단으로 삼고 싶어 하지만 전화를 받는 지도진의 입장에서는 되도록 간략한 정보만 제공하고 전화 상담이 방문상담으로 이루어지게 해야 한다.

대처법

원활한 전화 상담을 위해서는 전화 상담 진행 매뉴얼과 함께 전화 상담을 위한 올바른 자세를 숙지하고 있어야 한다. **가장 중요한 것은 전화 상담으로 오고 가는 대화 속에서 부모의 의도를 신속 정확하게 파악하여 대처하는 것이다.**

친절하고 밝은 음성과 정확한 발음으로 **도장을 한 문장으로 알릴 수 있는 시작 멘트로 대화를 시작하고 전화를 받는 지도진의 직위를 밝힌다.**

전화로 등록상담을 처음부터 끝까지 진행하기 보다는 **도장으로 방문 상담을 유도하는 목적으로 대화를 이어간다.**

전화상담 시 궁금한 점 몇 가지 정도는 간단하게 답을 해주어도 무방하다.

(1) 전화 연결 시 첫인사

① 전화 연결 시 첫인사

< 권장 >
- "전화 주셔서 감사합니다. 올바른 태권도교육문화를 선도하는 ○○○○태권도장 관장(교범, 사범, 매니저) ○○○입니다." (자기 개방화)

< 비권장 >
- "네, 여보세요."
- "네, 말씀하세요."

② 전화 수신이 지연된 경우

< 권장 >
- "기다려 주셔서 감사합니다"

③ 전화 연결을 놓쳐 추후 연결된 경우

< 권장 >
- "안녕하세요! 저는 ○○○○ 태권도장 관장(교범, 사범, 매니저 등 직위) ○○○○이라고 합니다. **잠시 통화 가능하십니까?**"
- "○시 ○○분경에 저희 태권도장에 전화 주셨는데 수련 지도 중이어서 전화를 받지 못했습니다. 혹시 무슨 일로 전화 주셨습니까?"

< 비권장 >
- "여보세요~ 아까 저희 도장에 전화주신 분이신가요?"
- 무슨 일로 전화 주셨나요? **(일방적인 태도)**

(2) 전화 등록상담 시작

① 저희 아이가 태권도를 다니고 싶다고 해서 알아보고 있습니다.

< 권장1 >
- 아, 그러시군요. 저희 도장에 연락 주셔서 감사합니다. **자녀분의 나이는**(답을 기다린다)? ○살이고, 혹시 이름은 어떻게 됩니까? **(수용)** (이름을 답할 때까지 기다린다.) ○○, 멋진 이름(예쁜 이름)입니다. **(칭찬하기)** 제가 무엇을 안내해 드리면 되겠습니까? **(명료화)**

< 권장2 >
- 아, 그렇습니까! (밝은 느낌의 목소리)○○○이 굉장히 활발하고 에너지 넘치는 아이인 듯합니다. **(칭찬하기)** ○○이가 **특별히 태권도를 배우고 싶어 하는 이유가 있습니까? (명료화)**

< 비권장 >
- 네, 전화 잘 주셨습니다. 도장 알아보시려면 상담을 하셔야 합니다.
- 상담은 도장에 오셔야만 가능합니다. **(일방적 통보)**

② 친한 친구들이 ○○○○ 태권도장에 많이 다니고 있다고 자기도 다니고 싶어 하네요.

< 권장 >

- 그래서 태권도를 다니고 싶어 하는군요. **(수용적 태도)** 친한 친구들이 하얀 도복을 입고 땀을 흘리며 태권도수련을 통해 건강해지고 자신감 있는 모습이 내심 ○○이도 부러워했던 모양입니다. **이번 기회에 ○○이에게 친구들과 함께 건강과 자신감에 도움 되는 태권도를 시키시는 것도 좋은 방법일 듯합니다. (공감, 이해하기, 정보제공)**

< 비권장 >

- 네~, 제대로 연락을 주셨습니다. 우리 도장은 친구를 따라 오는 경우가 아주 많습니다. (과한 자랑은 오히려 신뢰를 잃는다) **(자기 개방화의 오류)**

③ ○○○ 엄마 소개로 전화 드렸습니다.

< 권장 >

- (소개자의 영향력을 은연중에 부각한다) ○○○ **어머님의 소개로 전화를 주셨군요. 반갑습니다.** ○○○어머님이 소개해 주셨다면 ○○이도 예의 바르고 건강한 정신과 바른 마음을 소유한 아이일 듯합니다. ○○이와 ○○이가 함께 태권도수련을 하는 모습을 상상하니 흐뭇합니다. **(칭찬하기)**

④ 언제 방문하면 될까요?

< 권장1 >

- 짧은 시간 통화였지만 어머님(아버님)께서 ○○○이를 사랑하는 마음을 느낄 수 있었습니다. **(칭찬하기)** 어떻게 궁금하신 점은 해결되셨는지요? **(명료화)** 구체적인 내용은 방문 상담 시 더 자세히 안내해 드리도록 하겠습니다. ○○이와 함께 내일이나 모레 중 어느 날이 편하십니까? **(초이스 화법)**

< 권장2 >

- 저희 도장의 경우 ○시 ~○시, ○시 ~ ○시, 이렇게 두 번의 상담 시간이 준비되어 있습니다. **어느 시간이 편하시겠습니까? (직접적 안내)**

④ 언제 방문하면 될까요?

< 권장3 >

- (밝은 목소리) 그럼 모래 ○시에 ○○이와 어머님(아버님)의 방문을 기다리겠습니다. (정중하게) 그리고 전화 상담 후 **저희 도장을 소개할 모바일 홈페이지를 안내해 드리겠습니다.** 방문 상담하시기 전에 저희 도장에 대한 정보를 파악할 수 있도록 안내하고 있습니다.
- 어머님(아버님) 연락처가 ○○○-○○○○-○○○○번 맞으시죠? **(재확인)** 감사합니다. **안내해 드리는 모바일 홈페이지를 가정에서 함께 검토해 보시고** 방문해 주시면 더 유익한 방문상담이 될 겁니다. (확신에 찬 목소리) 오늘 남은 시간 즐겁게 보내시고, (밝은 목소리) **○○이와 어머님(아버님)의 방문을 기다리겠습니다.**

< 권장4 >

- 네, 그럼 모래 ○시에 ○○와 어머님(아버님)의 방문을 기다리겠습니다. 따뜻한(시원한) 차 한 잔을 준비해 두겠습니다, 남은 시간 즐거운 일만 가득하시길 바랍니다.

< 비권장 >

- 네, 편한 시간에 아무 때나 방문하셔도 됩니다. **(무원칙)**
- 그 시간은 곤란합니다. **(일방적 대답)**
- ○○시만 상담 가능합니다. **(제한적 선택)**
- 방문 없이 전화 상담으로만 등록 가능합니다. **(신뢰성 결여)**

상담원칙

- **정보제공:** 도장 등록 상담을 진행할 때에는 먼저 부모에게 자신에 대한 전달이 필요하다. 또한, 부모가 필요로 하는 정보 외에도 수련생 등록을 위해 도장에 대한 최소한의 정보를 전달할 필요가 있다.
- **칭찬하기:** 작은 것이라도 칭찬을 하며 부모와 예비수련생에 대한 표현을 하게 되면 호감을 줄 수 있다. 도장 등록 상황에서는 호감을 얻고, 주는 것이 중요함으로 억지로 칭찬하지 않는 선에서 사용하면 좋다.
- **이해하기:** 예비 수련생·부모의 도장 등록 선택, 등록 고민, 등록 걱정 등에 대해 공감하고 상대의 상황에서 생각함을 전달할 필요가 있다.
- **공감:** 예비수련생·부모가 생각하거나 판단하는 것에 대해 상대의 입장에서 생각하고 느끼는 것이다. 또한 상대방의 생각과 감정을 공감한다는 것을 전달해야 한다.
- **적극적 경청:** 경청에는 소극적 경청과 적극적 경청이 있는데 도장 등록 상담 시에는 상담을 위해 방문한 예비수련생·부모의 말에 고개를 끄덕이거나 반응의 말을 보이는 것이 필요 하다.
- **명료화:** 예비수련생·부모의 이야기를 듣고 정리해서 명확하게 전달하는 것을 말하기도 한다. 도장등록 상담의 상황에서는 예비수련생·부모의 질문과 요구를 파악해서 반문하는 형식으로도 사용할 수 있다.

2) 방문 등록 상담

- 방문 상담에 임하는 지도진의 마음가짐이 중요하다. 긍정의 에너지와 밝은 기운으로 예비 수련생과 부모를 맞이할 준비가 되어 있어야 한다.
- 등록 상담에 필요한 자료(PPT, 상담책자, 배포자료, 전달 메시지, 상담 테이블, 예비수련생의 정보, 부모의 요구)를 세심하게 준비하고 방문 상담 매뉴얼과 이동 동선을 숙지하고 있어야 한다.

대처법

전화상담 시 기록한 내용을 미리 숙지한다. **예비수련생의 이름을 대화 도중 자연스럽게 이야기하며 대화를 리드해 간다.** 또한, 전화 상담 메모를 통해 방문상담 시 부모가 걱정하는 부분과 요구, 질문들에 대한 **답변을 미리 준비하여 전문가라는 느낌을 전달할 수 있도록 한다.**

상담의 주도권을 지도진이 가지고 상담을 진행하면 등록으로 이어질 확률이 높아진다. 상담중간에 부모의 질문에 대해 바로 답을 하지 말고 메모를 해 두었다가 전달하던 내용을 모두 전달하고 나서 부모의 질문을 다시 확인시켜 주고 답을 해야 한다.

상담 내용 중 일부분은 영상과 사진을 통해 시청각으로 설명하고 예시를 들 경우에는 방송이나 신문, 공인된 단체의 자료를 활용해야 한다.

(1) 상담 좀 받으려고 하는데 지금 괜찮은가요?

① 부모가 전화 방문 약속을 하고 방문하는 경우

< 권장 >

- (환하고 밝은 표정으로) 안녕하세요, 어머님(아버님). 이틀 전에 전화 상담하신 ○○○군의 어머님(아버님)이시죠? 반갑습니다, (손짓으로 앉을 자리를 안내) 이쪽으로 앉으시기 바랍니다**(모니터 또는 상담책자를 쉽게 볼 수 있는 자리로 안내한다. 상담 시 지도진의 왼쪽으로 자리를 안내해 진행**하면 방문상담 온 부모에게 안정감을 준다).
- **(명함을 건네며 자신을 소개)** 전화로 인사드린 ○○○○태권도장 관장(교범, 사범, 매니저 등 직위) ○○○입니다. **(유머감각과 센스로 편안한 분위기 유도)** 어떤 차를 좋아하실지 몰라 여러 종류의 차를 준비해 보았습니다. 어떤 차를 준비해 드릴까요?
- (웃는 표정) 그럼 아주 특별하고 맛있는 커피로 준비하겠습니다. 오늘 어머님(아버님)의 방문이 유익한 시간이 될 수 있도록 하겠습니다. **상담시간은 10분~15분 정도 소요될 예정입니다(사전 안내를 통해 상담자를 배려한다는 느낌이 들게 한다).** 시간 괜찮으신가요? (직접적 안내)
- 네, 감사합니다. 그럼 우선 저희 **도장에 대한 간략한 소개**를 드리고 나서 어머님(아버님)께서 궁금해하시는 점이나 걱정스러운 점을 **이야기 나누는 순서로 상담을 진행하겠습니다.** 괜찮으시죠? (직접적 안내)

< 비권장 >

- 잘 오셨습니다, 그럼 바로 상담을 진행하겠습니다.
- 지금은 보시는 것처럼 수련 지도 중입니다. 조금만 기다려 주세요. **(무성의한 태도)**

② (전화 방문 약속 없이 온 경우) 상담 좀 받으려고 하는데 지금 괜찮은가요?

< 권장1 >
- 아! 그러시군요, **(손으로 방향을 안내)** (사무실로 안내한다) 그럼 상담실로 모시겠습니다. (이후 명함을 건네며 자신 소개와 함께 차를 권유, 상담시간 안내)

< 권장2 >
- **(상담시간을 정해두고 진행하는 도장의 경우)** 아, 그러시군요, (양해를 구한다) 시간 내어 방문해 주셨는데 죄송스러운 말씀을 드립니다. 저희 도장은 등록상담의 경우 시간을 정해 상담을 진행하고 있습니다. 상담시간은 1차 ○○시~○○시, 2차 ○○시~○○시에 진행됩니다. **(정보제공)** 이는 수련시간에 지도에 집중하기 위함이기도 하지만 방문해주시는 어머님(아버님)과 자녀가 시간에 쫓기지 않고 편안하게 자세히 상담하기 위한 저희 도장의 세심한 배려라고 생각해 주시면 감사하겠습니다. **(진정성)** 그럼 1차 상담시간과 2차 상담시간 중 어느 시간이 편하실까요? **(초이스 화법)**

< 비권장 >
- 지금은 수련지도 중입니다. 다음에 와주세요. **(무성의한 태도)**
- 사전에 약속이 없으면 상담이 안 됩니다. **(퉁명스러운 말투)**
- (아무런 설명 없이) 상담은 ○○시부터 가능합니다. 그때 다시 오세요. **(무성의한 태도)**

③ 소개로 왔는데, 이 태권도장에 대해 잘 몰라서요?

< 권장 >
- 저희 도장을 소개하는 영상입니다. **(영상이 없는 경우 안내 자료 또는 안내책자를 통해 도장 소개)**
- **(지도자로서 교육철학 전달)** 주변에 많은 태권도장이 있고 훌륭한 지도자분들이 많이 계십니다. 어머님(아버님)도 잘 아시겠지만 어떤 생각과 철학을 가진 스승이 지도하느냐에 따라 **똑같은 방법으로 교육을 받더라도 교육의 가치는 달라지게 마련입니다. (자기 개방화)** 해서 저희 경우는 … **(교육철학과 소신을 말과 글로 1분 내외로 준비되어 있어야 한다)**
- **(지도진의 약력 및 현황 소개)** 저희 도장 지도진은 총 ○명으로 구성되어 있습니다.

③ 소개로 왔는데, 이 태권도장에 대해 잘 몰라서요?

각 사범님의 역할은 다음과 같습니다(지도진의 구체적인 업무를 소개함으로써 **체계적이라는 느낌을 전달**해야 한다).

- (교육과정 소개) 저희 도장은 **대한태권도협회에서 권장하는 태권도 교육과정을 준수하고 있습니다.** (확신에 찬 목소리) 보시는 바와 같이 품새, 겨루기, 격파, 호신술 태권체조, 인성교육, 체력평가 등을 각 띠의 급수에 맞는 수련프로그램으로 지도하고 있습니다. 유급자의 경우 주 5일 기준으로 총 ○○○시간을 이수해야 1품(단)에 응심할 수 있는 자격이 주어지며 2품, 3품의 경우 보시는 표에 나와 있는 시간을 이수해야 다음 품(단)으로 응심이 가능합니다.[5] (정보제공)
- 요즘 인성교육에 대한 관심이 뜨거운데요, 저희 도장은 **대한태권도협회에서 개발한 인성교육책자를 지침서로 인성교육을 실시하고 있습니다.** 3가지 영역에 24가지 덕목을 지도하고 있으며 구체적으로 **자기가치영역, 대인관계영역, 사회정의영역으로 구분**되어 있고 이론이나 영상으로 말로 지도하는 인성교육이 아닌 **태권도수련을 통한 인성교육 프로그램을 운영하고 있습니다.** 이 프로그램의 경우 문체부에서 체육 관련 단체 중 유일하게 인증받은 인성교육 프로그램입니다. (정보제공)
- (각 도장별 특화된 프로그램을 소개) - 사진과 영상 준비 -
- (각 도장의 수련시설과 수련 프로그램을 소개) - 사진과 영상 준비 -
- (각 도장의 차별화된 부모님 초청행사나 야외 활동 행사 소개) 기대감을 줄 수 있어야 한다.
- (수련시간 안내) 이때, 부모님과 예비수련생이 원하는 시간을 알 수 있다.
- (도장의 소통 방법에 대해 안내) 카카오톡, 밴드 어플 등 활용
- (마지막으로 도장의 수련비에 관해 이야기하고 등록할 경우 들어가는 추가 비용에 관해 이야기하며 등록원서를 작성한다.)

< 비권장 >
- 아무런 상담준비 없이 말로만 상담을 진행하는 경우 (비전문적인 느낌)
- 주관적인 생각을 강요하는 경우 (잘못된 정보를 제공할 수 있다)
- 매 상담 시 전개되는 내용이 다른 경우 (신뢰성 문제)

---

[5] 대한태권도 협회 표준교육과정 p96 참고, 2020년부터 적용 예정

대한태권도협회 교육과정표 (2020년 적용 예정)

대한태권도협회 교육과정표 (2020년 적용 예정)

상담원칙

- **공감**: 부모와 예비수련생의 상황에 대해 함께 공감하고 호응해야 한다.
- **경청**: 부모와 예비수련생의 입장을 충분히 이해하고 공감한다는 것을 먼저 표현 한다.
- **명료화**: 부모와 예비수련생의 이야기를 듣고 정확한 의도를 파악하여 정리해 말해주는 것이다.
- **자기 개방화**: 지도자를 드러내는 것을 말하며 자기 개방화는 지도자의 생각이나 감정, 상황을 드러내 말하는 것이다. 이를 통해 부모와 예비수련생의 마음을 얻을 수 있다
- **정보제공**: 우리 도장만의 차별화된 내용을 간결하고 임팩트 있게 전달할 수 있어야 한다.
- **칭찬하기**: 부모와 예비수련생의 장점을 파악하여 칭찬을 해 준다
- **안심시키기**: 부모와 예비수련생이 도장에 대한 불안감을 해소 할 수 있도록 해야 한다.

3) 수련비

- 수련비의 경우 도장선택 시 부모의 중요 관심사 중 하나이므로 적극적인 안내가 필요하다. **납부하는 수련비에 대한 교육적 가치를 설명할 수 있도록 준비하고 도장 선택 시 자녀(예비수련생)가 얻는 무형, 유형의 이익에 대해 객관적으로 설명할 수 있어야 한다.**
- 수련비에 대한 불만이나 할인 요구는 보내게 될 **자녀(예비수련생)에 대해 더 많은 관심과 응원을 바라는 부모의 숨은 마음이 있다고 생각하고 지도자의 원칙과 소신이 묻어나는 자신감 있는 태도로 상담에 임한다.**

대처법

수련비는 도장교육에 대한 가치의 상징적인 표본이라 할 수 있다.
도장의 교육시스템과 지도진의 자질, 수련공간의 효율성 등을 부모에게 각인시켜 납부하는 수련비에 대한 만족도를 높일 수 있도록 해야 한다.
특히 주변도장과의 수련비 비교는 지도진을 곤란하게 하는 일이지만 차액에 대해 고민하기 보다는 수련비로 표현하는 부모의 숨은 요구를 파악해 답을 줄 수 있어야 한다.

(1) 수련비는 어떻게 되나요?

① 수련비는 어떻게 되나요?

< 권장1 >
- (전화 상담으로 수련비 문의) 수련비의 경우 주변 도장과 큰 차이 없습니다만 수련과정 선택에 따라 다소 차이가 있을 수 있습니다. **방문 상담 시 자세히 안내해 드리도록 하겠습니다. (명료화)**

< 권장2 >
- (방문상담으로 수련비 문의) 수련생들의 수련기준에 따라 또는 특강 선택에 따라 수련비가 다소 차이가 있습니다. ○○이의 경우 **태권도를 처음 시작하는 기초반의 경우로 ○○만원입니다. (정보제공)**

< 권장3 >
- (납부방법 문의) 네, 두 가지 방법이 있습니다. 첫 번째는 수련등록 기준으로 오늘을 결제일로 선택하실 수 있고, 두 번째는 저희 도장 수련비 지정일인 매달 ○일을 기준으로 납부하시면 됩니다. (수련비 표를 준비한다) 이 경우 첫 달 수련비의 경우 오늘부터 저희 도장 수련비 납부 일까지의 비용을 납부하시고 다음 달 저희 도장 수련비 납부일 기준인 ○일에 수련비 ○○원을 납부해 주시면 됩니다. **(직접적 안내)**
- 당연히 카드납부도 가능합니다, 현금 납부의 경우 현금영수증을 발행해 드리고 있습니다. 그럼 **어머님(아버님)** ○○이의 수련비 납부일은 언제로 해 드릴요? 그리고 결제 방법은 어떻게 해드릴까요? **(명료화)**

< 비권장 >
- 카드결제 시 수수료가 발생합니다.
- 세금 문제로 현금영수증은 발급이 안 됩니다.

② 수련비 할인해 주세요.

< 권장1 >

- 네, (공감하는 표정) ○○, ○○, ○○ 이렇게 세 자녀를 함께 수련시키시는 어머님(아버님)의 경제적 부담이 아주 클 듯합니다. 저희 **도장에서도 어머님(아버님) 입장을 생각을 하지 않은 것은 아니지만, 수련비의 경우 기존 형제 할인제도 내에서 적용됨을 이해하여 주시기 바랍니다. (공감, 수용적 태도)**

- 네, 어머님(아버님)께서 하시는 말씀은 **납부하시는 수련비만큼 사랑하는 자녀들에게 더 많은 관심과 지도를 해달라는 말씀으로 이해하고 있습니다.** 앞으로도 어머님(아버님)과 자녀들이 만족하며 즐겁게 다닐 수 있도록 각별히 신경 쓰도록 하겠습니다. **(수용적 태도)**

< 권장2 >

- (다른 친구들 2~3명이 더 등록할 예정이라 수련비 할인해 달라는 경우) **우선 감사하다는 말씀 어머님(아버님)께 드립니다.** (몸짓으로 함께) 저희 도장을 마음에 들어 해주시고 어머님(아버님) 주변 지인분들께 자녀를 함께 보내자고 말씀도 해주시고 정말 감사합니다. 어머님(아버님)이 보여주신 저희 도장에 대한 믿음과 저희 지도진에 대한 신뢰에 보답하기 위해서는 제 작은 생각으로는 **수련비 할인보다는 보다 가치있는 교육으로 자녀들을 지도하고 어머님(아버님)께서 바라시는 자녀로 성장할 수 있도록 각별히 더 신경 써 드리는 게 옳다고 생각됩니다.** (확신 있는 목소리) 언제든 사랑스러운 자녀 ○○이를 위해 어머님(아버님)과 이야기 나누도록 하겠습니다. **(반영, 진정성)**

< 비권장 >

- 저희 도장은 수련비 할인은 절대로 안 됩니다. **(몰인정)**
- 등록할 때는 안 되지만 몇 개월 지나면 생각해 볼 수 있습니다. **(원칙의 부재)**
- 그럼 얼마를 할인해 드리면 될까요?

③ 여기는 왜? 주변 도장보다 수련비가 비싸요?

< 권장1 >

- (약간 놀라는 표정으로) 아~, 저희 도장이 더 비싸군요! **(경청)** 도장 소개하며 느끼셨 겠지만, 저희 도장은 차별화된 수련법으로 자녀를 지도하고 있으며, 자녀들이 안전하게 수련할 수 있는 훌륭한 시설을 갖추고 있다고 자부합니다. **저희 도장이 주변 도장에 비해 수련비가 비싸다는 건 그만큼 다른 무엇이 있기 때문이 아닐까요? 어머님(아버님) 생각은 어떠십니까? (명료화)**

< 권장2 >

- **어머님(아버님)의 말씀 충분히 이해됩니다.** 도장마다 수련비가 달라서 당황스러우셨죠? (담담하게) 수련비가 다른 이유는 도장마다 환경적 요인이 다르기 때문입니다, 예를 들어 지도진의 인건비, 사용하는 건물의 임대료, 시설관리 및 유지비용, 그리고 수련프로그램 개발비 등을 종합적으로 고려해 수련비를 책정하게 되는데 도장마다 이들 요인에 차이가 나서 그렇습니다. 앞으로 OO이는 **저희 도장에서 태권도수련을 통해 긍정적으로 바르고 건강하게 성장할 겁니다. 물론 어머님(아버님)의 관심과 격려, 사랑이 가장 큰 영향력을 줄 겁니다.** 이렇듯 저희 도장은 어머님(아버님)과 저희 지도진이 함께 OO이에게 긍정적인 영향을 주며 바르고 건강한 성장을 함께 지켜보며 응원하며 지도할 수 있는 곳입니다, **어머님(아버님)의 선택이 현명한 선택이 되어 만족할 수 있도록 최선을 다하겠습니다.** 앞으로 OO이는 **저희 도장에서 태권도수련을 통해 긍정적으로 바르고 건강하게 성장할 겁니다. 물론 어머님(아버님)의 관심과 격려, 사랑이 가장 큰 영향력을 줄 겁니다.** 이렇듯 저희 도장은 어머님(아버님)과 저희 지도진이 함께 OO이에게 긍정적인 영향을 주며 바르고 건강한 성장을 함께 지켜보며 응원하며 지도할 수 있는 곳입니다, **어머님(아버님)의 선택이 현명한 선택이 되어 만족할 수 있도록 최선을 다하겠습니다.**

< 권장3 >

- 어머님(아버님) OO이에게 태권도 수련을 통한 교육의 가치를 생각하신다면 수련비의 차이는 상상 이상의 기대치로 어머님(아버님)과 OO이에게 돌아갈 겁니다. 교육

③ 여기는 왜? 주변 도장보다 수련비가 비싸요?

의 가치를 돈으로 환산할 수는 없습니다. 그래서 어머님(아버님)께서 말씀하시는 저희 도장이 비싸다는 말씀은 그만큼 저희 도장이 다른 도장보다 교육의 질이 높고 자녀들의 관리가 잘되어 태권도를 수련하는 ○○○이와 어머님(아버님)의 만족도가 더 높아질 수 있는 비용으로 작용할 수 있다고 생각됩니다. **(자기 개방화, 정보제공)** 우리 도장에 다니는 그 많은 수련생과 보내시는 부모님들께서는 오히려 더 큰 자부심과 만족감을 느끼고 보내실 수 있다고 생각됩니다. **수련비의 차이보다는 태권도 수련 교육의 내용과 수련생들을 위한 프로그램의 내용 그리고 이를 통해 긍정적으로 변화될 ○○○이의 모습을 보시고 평가해주십시오.** 그리고 언제든 지적해주시고 고견 주시기 바랍니다. 어머님(아버님)의 응원과 격려에 다시 한 번 감사의 말씀을 드립니다. **(자기 개방화)**

< 비권장 >

- 어머니, 1만 원은 얼마 되지 않는 금액입니다. 너무 크게 생각하지 마세요.
- 저희 도장은 그 정도 금액은 충분히 받아도 된다고 생각합니다.
- 수련비가 비싼 만큼 공짜 서비스가 더 많다고 생각하시면 됩니다.

④ 태권도 등록하면 도복은 그냥 주나요?

< 권장1 >

- 저희 도장의 경우 비용을 받고 있습니다. (확신에 찬 목소리) 도복의 경우 품질, 브랜드에 따라 가격이 천차만별입니다. **저희 도장에서는 어머님(아버님)의 귀하고 사랑스러운 자녀들에게 품질 좋은 브랜드를 선정해 입히고 있습니다.** 이유는 도복이 갖는 태권도의 상징적인 이유도 있고, 수련에 임했을 때 도복 기능성에 따라 더 나은 수련 효과를 얻을 수 있기 때문입니다. **저가의 도복을 무료로 드리는 것 보다는 사랑하는 자녀들이 더 멋진 모습으로 수련에 임하고 수련의 효과도 더 높일 수 있는 도복을 선정하여 비용을 받고 있습니다. 어머님(아버님)께서도 저희 도장의 생각과 같을 거로 생각합니다만 어떠신지요?** (명료화)

< 권장2 >

- 아마도 어머님(아버님)께서 **저희에게 특별히 부탁하고 싶으신 게** 있으신 것 같습니다. ○○이를 **조금 더 신경 써 달라는 의미로** 말씀하셨을 것으로 생각합니다. 도복을 선물로 드리지 못하지만 (웃으면서) 어머님(아버님)의 사랑스러운 자녀 ○○이가 **어머님(아버님)의 바람처럼 바르고 건강하게 성장할 수 있도록 최선을 다해 지도하도록 하겠습니다.** (반영)

⑤ 도복은 꼭 입어야 하나요?

< 권장1 >

- 어머님(아버님) ○○이가 도복을 입는 것이 많이 불편해하나요? 도복을 처음 입을 때는 조금 불편할 수 있습니다. **(경청, 공감)**
- 어머님(아버님)과 ○○이의 마음은 잘 알겠지만, 도복은 태권도 수련에서 올바른 습관과 바른 정신을 배울 수 있는 첫 단추의 역할을 합니다. **(직면, 자기 개방화)** 며칠간은 불편해할 수 있지만, 곧 적응할 겁니다. 너무 걱정하지 마세요. **(안심시키기)**
- 혹시나 피부질환 등의 이유로 도복을 입지 못한다면, 그 부분을 충분히 헤아려 배려하도록 하겠습니다. **(안심시키기, 진정성)**

⑤ 도복은 꼭 입어야 하나요?

< 권장2 >

- 도복은 저희 도장의 일원으로 소속감을 느끼게 되는 것이고, 지도진의 생각을 받아들일 준비가 되었다는 의미와도 같습니다. 또한, 도복은 인성교육의 의미도 가지도 있는데, **상의는 부(父), 하의는 모(母), 띠는 자신(子)을 뜻**하기에 복장이 바르다는 것은 부모를 공경하고 있다는 것이고, 띠가 바르다는 것은 본인의 마음이 매순가 바르게 하고 있다는 것을 뜻하는 **태권도 고유의 가치와 철학이 담겨 있습니다.** 띠 역시 수련생들에게 수련의 위치를 알게 해주며, 띠의 색깔에 따라 사명감이 생겨나고 그에 맞는 수련생의 행동과 책임이 생긴답니다. 그러기에 도복을 입는 것만으로 수련생의 가치가 한층 더 높아진다고 볼 수 있습니다. 즉, 하루 중 자기 자신이 제일 부지런하고 의미 있는 시간이라고 보시면 좋을 것 같습니다. **(정보제공, 직접적 안내)** 어머님(아버님)께 제가 지금 말씀드린 내용을 글로 적어 보내드리면 가정에서 OOO이에게 이야기해주시면 효과를 보실 수 있을 겁니다.

상담원칙

- **공감:** 수련비 인하 요청을 하는 부모의 상황을 이해하고 그들의 생각과 상황을 충분히 이해함을 전달하는 것이다.
- **경청:** 부모의 입장을 충분히 이해하고 공감한다는 것을 먼저 표현한다.
- **명료화:** 부모의 이야기를 듣고 수련비 할인 요구의 이유와 정확한 의도를 파악하여 정리해 말해주는 것이다.
- **자기 개방화:** 지도진을 드러내는 것을 말하며 자기 개방화는 지도진의 생각이나 감정, 상황을 드러내 말하는 것이다.
- **정보제공:** 수련비 인하가 불가한 이유에 대한 타당한 정보를 제공한다.

4) 자주하는 걱정거리

- 제한된 공간에서 다양한 연령대의 아이들이 수련하는 도장의 특성상 부모의 걱정은 당연하다.
- 이런 부모의 걱정은 지도자들에게 자녀들에 대해 더 많은 관심을 가져달라는 뜻으로 해석할 수 있다.

대처법

도장에서 안전관리는 도장성장의 아주 중요한 부분이다.

차량운행, 도보이용 등·하원, 수련시간, 휴식시간, 야외활동 등 여러 상황에 맞는 안전수칙 매뉴얼을 준비해 두고 등록 상담 시 활용하여 수련생들의 안전을 최우선으로 생각하는 도장이라는 이미지를 심어주어야 한다.

아울러 체육시설 배상책임보험에 가입하여 만일에 있을 사고에 대비해야 하며 보험증권을 사무실 한쪽 상담자의 눈에 띄는 곳에 비치해 두면 좋다.

(1) 우리 아이 도장에 보내는데 걱정이 많이 됩니다.

① 저희 아이와 같은 나이에 아이들이 많이 다니나요?

< 권장 >

- 네, 어머님(아버님)의 염려가 무엇이지 잘 알 듯합니다. 또래 아이들과 함께 수련하며 교우관계형성과 사회성이 좋아지기를 원하신다고 **생각됩니다만 맞습니까? (바꾸어 말하기)**
- **그런 문제라면 걱정하지 않으셔도 됩니다.** 저희 도장에는 다양한 나이의 수련생들이 함께 땀 흘리며 태권도를 즐겁게 수련하고 있습니다. **(이해, 공감)**

< 비권장 >

- 그럼요, 당연히 많이 다니고 있습니다.
- 아니요, 그 연령대는 다니지 않고 있습니다.

② 저희 아이가 아직 어려서 그러는데 큰 형들에게 치일까 걱정됩니다.

< 권장 >

- 많은 도장에서 수업방식은 전체학습 위주로 진행되다 보니 어머님(아버님)처럼 어린 자녀들을 도장에 보내실 때 **충분히 걱정스러워할 만합니다. (공감)**
- 저희 도장에서는 이런 **어머님(아버님)의 걱정을 조금이라도 덜어드리기 위해 선배들이 어린 후배들이 도장에서 안전하게 수련하고 귀가할 수 있도록 후견인제도라는 특별한 제도를 운용 중입니다.** ○○이에게 형과 누나·언니를 한 명 두었다고 생각하셔도 좋습니다. **(정보제공)**
- 어머님(아버님)의 걱정은 충분히 이해됩니다. **(공감)** 염려되는 부분도 있지만, **나이 많은 선배들과 함께 수련하며 사회적 성격 형성, 정서적 함양에 도움을 받는 등 긍정적인 측면도 많이 있습니다. (바꾸어 말하기)**

< 비권장 >

- 저희 도장에서는 절대 그런 일이 없습니다.
- 선배들에게 치여봤자 어린아이들이 하는 짓인데 뭘 그렇게 걱정하십니까!

③ 아무래도 몸을 쓰며 운동하는 곳이라 아이들의 안전사고가 걱정됩니다.

< 권장 >
- (단호하게) **안전사고! 아주 중요한 말씀이십니다.** (공감)
- 저희 도장에서도 수련생들의 안전을 위해 다음과 같이 조치하고 있습니다. **첫 번째, 행동강령**을 통해 도장 내에서 안전한 수련을 유도하고 있습니다. **두 번째, 도장 내 시설물 위험 리스트**를 만들어 상시 관리 감독하고 있습니다. **세 번째,** 혹시 발생할지 모를 사고에 대비해 **대응 매뉴얼**을 갖추고 있으며 **네 번째,** 발생한 사고에 대해 **"도장 배상책임보험"**을 통해 배상할 수 있도록 가입되어 있습니다. (정보제공)
- 안전하고 즐거운 도장이 될 수 있도록 준비한다고 했습니다만 **만족스러우실지 모르겠습니다. 미흡한 점이 있으면 어머님(아버님)께서 언제든 말씀해 주십시오.** (수용의 자세)

< 비권장 >
- 다치게 되면 보험으로 보상되니 걱정하지 마세요.
- 가벼운 사고는 늘 있을 수 있으니 이해 바랍니다.
- 아이들이 운동하다 보면 다칠 수 있지 뭘 그렇게 걱정하십니까!

④ 차량 안전에 대한 걱정이 됩니다.

< 권장 >
- 네, 당연히 걱정이 되실 겁니다. (공감)
- 저희 도장에서도 수련생들의 안전한 차량귀가를 위해 만전을 기하고 있습니다. **차량 기사님을 안전 선생님으로 호칭하며, 도로교통공단에서 실시하는 안전교육을 이수한 차량선생님들 운전을 하고 계십니다.** 차량 도우미 선생님도 함께 탑승해 차량 내에서 발생될 수 있는 안전사고에 대비하고 있습니다. (안심시키기, 정보제공)
- 아울러 수련생들이 차량 출발 시 **안전벨트는 확인**과 하차 시 **안전 선생님이 반드시 내려서 문을 열어주고 길을 건너는 것까지** 확인하고 있으며 안전운행을 최우선으로 하고 있습니다.

< 비권장 >
- 저희 기사님은 무사고로 운전을 잘하시는 분이니 걱정하지 마세요. **(일방적인 태도)**

⑤ 태권도 말고 가르치는 게 무엇, 무엇이 있나요?

< 권장1 >
- 구체적으로 어떤 내용을 말씀하시는지 여쭈어보아도 되겠습니까? (반문하기)
- (전화상담 시) **네, 어머님(아버님) 말씀 감사합니다.** 저희 도장의 경우 태권도에 필요한 기본 체력운동과 운동기능 향상을 위한 보조 운동 등을 즐겁게 실시하고 있습니다. **태권도 수련 안에 ○○이가 즐겁고 행복하게 수련할 수 있는 여러 요소가 있습니다.** 자세한 내용은 방문 상담 시 말씀드리도록 하겠습니다. **(정보제공)**

< 권장2 >
- (방문상담 시) **좋은 질문이십니다.** (반색하며) 일반적으로 도장에서 행해지고 있는 놀이 수업이나 레크리에이션, 줄넘기 수업은 수련생들에게 즐거움을 주기 위한 동기부여 방법으로 흔하게 실시하는 내용입니다. 저희 도장에서는 이런 **흥미 있는 태권도, 즐거운 태권도 수련을 위해 다양한 동기부여 방법을 포함한 교수법을 사용하고 있습니다.** (자료를 보여주며) 예를 들면, 수련생들이 즐거워하는 공놀이의 경우에는 저희 도장에서는 발차기 수련에 응용해 수업하고 있습니다. 또 수련생들이 즐거워하는 게임으로는 가위, 바위, 보 겨루기 수련으로 응용해 사용하고 있는데 수련생들의 집중도와 만족도가 상당히 높습니다. **저희 도장에서는 태권도를 잘 가르치기 위한 다양한 눈높이 수련법이 준비되어 있으니 어머님(아버님)께서 ○○이가 즐겁게 태권도를 수련하는 모습을 보실 수 있으실 겁니다. (정보제공)**

< 비권장 >
- 아이들이 즐거워하는 것은 무엇이든 하고 있습니다.
- 인성교육, 줄넘기, 키 크기 운동, 다이어트 등등 많은 운동을 지도하고 있습니다. **(전문성 부족)**

⑥ 너무 일찍 태권도를 하면 키가 크지 않는다고 하는 데 사실인가요?

< 권장1 >
- 어머님(아버님)의 걱정 충분히 이해됩니다. 요즘 키와 체격도 스펙인 시대이다 보니 많이 신경 쓰이실 겁니다. **(이해하기, 공감)**
- **(객관적 자료제시)** 얼마 전 JTBC에서 방송된 "진짜 의사가 돌아왔다" 프로그램에서 **태권도 성장 이야기를 다루었습니다. 결론은 태권도를 하면 다른 운동에 비해 더 잘 자란다는 전문가들의 의견이었고요**, 아울러 **(전문성 강조)** 저희 도장에서는 자녀들의 키 성장을 위해 대한태권도협회에서 개발한 "KTA 성장 체조"를 지도하고 있으며 자녀들의 체격, 체력의 성장을 한눈에 알 수 있는 "KTA 태권 체력지도 및 평가" 측정을 일 년에 2회 실시하여 부모님들과 공유하고 있습니다. **(정보제공)**

< 권장2 >
- 키 성장의 경우 **유전적 요인과 환경적 요인**이 중요합니다. 특히 환경적 요인 가운데 운동의 영향이 매우 중요하다는 전문가들의 의견이 많이 있습니다, 특히 **태권도 수련이 키 성장에 긍정적인 영향**을 준다는 연구결과와 **방송 매체에서 이야기하는 내용**이 많습니다. 너무 걱정하지 마십시오. **(안심시키기)**

< 비권장 >
- 태권도를 하면 키는 무조건 큽니다. **(근거 미약)**
- 요즘 아이들은 잘 먹고 잘 자고 많이 운동하면 키가 크니 너무 걱정하지 마세요.

⑦ 태권도를 하면 살이 좀 빠질까요?

< 권장 >
- 아무래도 태권도수련을 통해 몸을 더 많이 쓰니까 빠질 확률은 있겠지만, 어머님(아버님)께서도 잘 아시다시피 **다이어트라는 게 운동만으로 할 수 있는 것이 아니고 식습관과 생활습관도 많은 영향을 미칩니다**. 저희 도장에서는 수련생들의 건강한 성장을 위해 6개월 마다 체지방측정을 통해 수련생들의 비만 상태를 측정하며 처방전을 드리고 있습니다. 이를 참고하여 **지속적인 관리를 약속**드릴 수 있습니다. **(직접적 안내)**

< 비권장 >
- 태권도를 하면 무조건 살을 빠집니다.
- 어릴 적 살은 키로 간다고 하는 말이 있습니다. 너무 걱정하지 마세요. **(비과학적 근거)**

⑧ 아이가 워낙에 소극적이고 몸을 움직이는 걸 싫어합니다.

< 권장1 >
- **(전화상담 시)** 움직이기 싫어하고 **소극적인 아이들이 활동적인 무엇인가를 할 때는 항상 어려움이 있기 마련입니다.** 저희 도장의 경우 이런 소극적이고 몸을 움직이기 싫어하는 **아이들을 위한 체험 프로그램이 준비되어 있습니다. 방문 상담 오시면 체험할 수 있도록 도움을 드리겠습니다. (명료화, 정보제공)**

< 권장2 >
- **(방문상담 시)** 네~, 그러한 이유로 어머님(아버님)께서도 **도장 등록을 쉽게 결정하지 못하시는군요.** 그래서 저희 도장에서는 **체험프로그램과 체험 기간을 운영하고 있습니다.** 이 기간과 프로그램을 **충분히 활용해 보시면 어떨까요?**

⑨ 저희 아이가 너무 산만한데 태권도를 하면 더 산만해지지 않을까요?

< 권장 >
- 아무래도 우리 ○○이는 호기심이 많고 움직임이 많은 아주 건강한 아이인 듯합니다. 태권도 수련을 통해 규칙과 절제를 익히게 되면 산만한 모습이 많이 좋아질 수 있습니다. 다만, 가정에서도 ○○이의 이야기를 잘 들어주시고 호응해 주셨으면 합니다. 또한, 규칙에 대해서는 엄격하게 대처해주시면 더 빠른 효과를 보실 수 있습니다. 어머님(아버님)께서도 많이 도와주십시오. (수용, 반영)

< 비권장 >
- 태권도를 배우게 되면 자연스럽게 해결됩니다. 걱정하지 마세요.
- 도장에서 책임지고 집중력 높은 아이로 만들어 드리겠습니다.

⑩ 주 5회 수업 말고 주 3회나 주 2회도 가능한가요?

< 권장 >

- 네, 당연히 가능합니다. 특별히 주 3회나 주 2회를 원하시는 **이유가 있으십니까? (명료화)**
- **(배우는 게 많아서 주 5일 운동은 힘들 것 같다고 함)** 그렇군요. 우리 ○○이가 재주가 많은 모양입니다. 시간이 없으시다면 주 3회, 주 2회 수업도 가능합니다. 다만 이럴 경우 **상담 때 말씀드린 것처럼** 저희 도장의 경우 **승급 관련하여 수련 이수 시간을 중요하게 여기고 있으므로** 승급이 다소 늦어질 수 있으니 이점만 어머님(아버님)께서 이해해 주시면 됩니다. 하지만 **배우는 내용이 미흡하거나 배우지 못하는 과목은 없으니 걱정 안 하셔도 됩니다. (정보제공, 안심시키기)**

⑪ 여자 사범님이 계신가요?

< 권장1 >

- 여자 사범님이 없어서 걱정되시는 거죠? 어떤 부분이 신경 쓰이시나요? **(경청, 바꾸어 말하기)**
- 어머님의 마음을 헤아려 저희가 특별히 신경을 더 쓰고 관리를 하도록 할 테니 믿고 맡겨주시면 어떨까요? **(진정성)**

< 권장2 >

- 저희도 장은 여자 사범님이 안 계시지만 동급생 또는 선배 여자 수련생들의 후견인 제도를 통해 도장 적응을 잘할 수 있도록 도움을 드리고 있습니다. 그리고 특히 선·후배 관계의 인성교육을 잘하여 동성을 잘 관리 하고 있답니다. **(정보제공, 직접적 안내, 안심시키기)**

⑫ 사범님(지도진)이 너무 무서워요.

< 권장1 >

- 예비수련생들이 처음 도장에 방문해 느낄 수 있는 부분 중 한 부분이라 생각됩니다. 아무래도 사범님(지도진)이 운동을 지도하는 과정이다 보니 집중해서 수업하는 날에는 사범님(지도진)의 목소리도 우렁차기에 예비수련생에게 조금 무서워 보일 수 있을 겁니다. 그리고 태권도 수련 자체가 운동이기 전에 행동규범을 통한 습관화 교육을 하기에는 아직 규율과 질서가 익숙하지 않은 예비수련생은 이 부분이 무서움으로 다가올 수도 있답니다. **(진정성, 정보제공, 요약, 자기 개방화)**

< 권장2 >

- 하지만 너무 염려하지 않으셔도 됩니다. 저희 도장의 경우 체험 기간을 통해 사범님(지도진)과 예비수련생들은 서로 마음의 다리를 놓는 계기가 되어 등록 후 사범님(지도진)과 등록수련생은 아주 특별한 관계로 성장하게 됩니다. 엄하지만 따뜻하고 배려심 많은 나만의 사범님(지도진)으로 인식되어 OO이가 저희 도장 수련문화에 잘 적응할 수 있답니다. **(진정성, 안심시키기)**

< 권장3 >

- 아무쪼록 심려를 끼쳐 죄송합니다. 이런 부분에 상담을 주셔서 감사드립니다. 꿈을 키워가는 사범님에게 많은 도움이 될 것 같습니다. 앞으로도 많은 관심과 응원 부탁드립니다. **(자기 개방화, 진정성)**

상담원칙

- **공감**: 수련비 인하 요청을 하는 부모의 상황을 이해하고 그들의 생각과 상황을 충분히 이해함을 전달하는 것이다.
- **경청**: 부모의 입장을 충분히 이해하고 공감한다는 것을 먼저 표현 한다.
- **명료화**: 상대의 이야기를 듣고 수련비 할인 요구의 이유와 정확한 의도를 파악하여 정리해 말해주는 것이다.
- **자기 개방화**: 지도진을 드러내는 것을 말하며 수련비 할인 상황에서 자기 개방화는 지도진 생각이나 감정, 상황을 드러내 말하는 것이다.
- **정보제공**: 수련비 인하가 불가한 이유에 대한 타당한 정보를 제공한다.

5) 등록 결정 및 보류

- 상담을 마치면 대부분 부모는 도장 등록을 한다. 이때 **등록 원서를 작성할 때 필수 항목을 모두 체크하도록 하며,** 특히 SNS 등을 이용하여 수련생들의 활동사진을 부모에게 자주 제공해야 하는 특성상 초상권과 관련된 **개인정보 수집 항목은 반드시 체크하도록 한다.**
- **등록 원서를 토대로 상담을 직접 진행한 지도진이 다른 지도진과 등록 수련생과 상담 부모의 성향에 관해 이야기를 나누며** 향후 발생 가능한 여러 가지 일들에 대해 미리 예상하고 대안을 준비한다.

대처법

도장등록에 대한 부모의 결정에 대해 감사를 표시한다. 등록원서를 작성할 때에는 정확하게 작성되도록 도와준다. 너무 가까이에서 지켜보면 부모가 거부감을 느낄 수 있다. 기본 신상정보에 관한 내용까지는 부모가 작성하게 하고 이후 예비수련생에 대한 정보와 특이 사항은 지도진이 부모에게 질문하며 직접 메모하는 것도 바람직하다. 이를 통해 부모의 신뢰를 얻는 효과도 기대된다.

(1) 등록하겠습니다.

① 등록하겠습니다.

< 권장 >

- 어머님(아버님)께서 ○○이를 위한 현명한 결정에 감사드립니다. 어머님(아버님)의 결정이 ○○이와 어머님(아버님)께 만족할 수 있는 결과로 보답 드리겠습니다. **(칭찬하기)**
- (등록원서를 전달) 어머님(아버님), 등록원서를 작성해 주시면 감사하겠습니다. 등록원서에는 개인정보가 포함되어 있을 수 있습니다. **기재를 원하지 않는 부분은 저에게 말씀해 주시면 됩니다.**

② 필수 체크 항목 다 적은 후

< 권장 >

- 등록원서 하단에 보시면 몇 가지 안내 글이 있습니다.
- **첫 번째 내용은 저희 도장에서 행사나 수련 중에 사진촬영 및 영상을 촬영해 SNS에 올리는 일이 있습니다. ○○이의 모습이나 부모님의 모습이 올라갈 수도 있습니다. 동의하신다면 이곳에 체크 부탁드립니다.**

② 필수 체크 항목 다 적은 후

- 두 번째는 지도자 연구일로 두 달에 한 번 저희 지도진이 수련생들의 교육을 위해 공부하는 날이 있습니다. 이날은 도장 휴관일이 됩니다. 홀수 달 세 번째 주 금요일입니다. 동의하신다면 체크 부탁드립니다.
- 세 번째는 수련비 납부일 안내와 도장의 주기적인 행사 일정입니다. 함께 해주시면 자녀들과의 행복한 추억이 되실 겁니다. 참고 해주십시오.
- 마지막으로 내용을 숙지하셨다는 여기에 서명을 해주시면 등록절차를 마무리하게 됩니다. (정보제공)

③ 등록원서 서명을 마친 후

< 권장 >

- 어머님(아버님)의 선택이 후회되지 않도록 최선을 다해 ○○이를 지도하고 보살피도록 하겠습니다. (안심시키기)
- 그럼 내일 ○시 수련시간에 수련을 진행합니다. 차량운행 시간은 ○시 ○○분까지 ○○○장소에서 기다리시면 됩니다. 내일 오전에 한 번 더 문자로 안내해드리도록 하겠습니다. 그럼 조심히 귀가하세요. (정보제공)

④ 등록 후 3일 전화통화

< 권장 >

- 어머님(아버님) 안녕하세요, ○○○○태권도장 관장 ○○○입니다. 잠시 통화 가능하신지요? **3일 동안 ○○이는 도장에 대해 어떻게 이야기하던가요?** (직접안내)
- ○○이가 재미있었다고 하니 다행입니다. **(3일 동안 관찰한 ○○이에 대해 먼저 이야기 전달)** 지난 3일 동안 ○○이를 유심히 살펴보았습니다. 기본적으로 예의범절이 아주 좋더라고요. 인사를 매우 잘합니다. 그리고 무엇보다도 열심히 하려는 태도가 아주 좋았습니다. **(칭찬하기) (부족한 부분이나 상담 시 걱정스러웠던 부분에 대해 솔직히 이야기)** 그런데, 한 가지 아쉬웠던 점은 상담 때 **어머님(아버님)께서 말씀해 주진 내용처럼** 처음에 시도하는 것에 대해서는 두려워하고 처음 대하는 친구들에

④ 등록 후 3일 전화통화

대해서는 살짝 경각심을 갖는 듯한 소심함을 보이기는 했습니다. 하지만 너무 염려하실 정도는 아니고요, 어머님(아버님)의 바람처럼 적극적이고 에너지 넘치는 모습도 보여준 적이 있어 앞으로 좋은 방향으로 발전하리라 생각됩니다. **(정보제공)**
- 어머님(아버님) 저희 지도진도 최선을 다하겠습니다. 앞으로 어머님(아버님)께서도 ○○이를 위한 의견이 있으시면 언제든 전화해 주시면 감사하겠습니다. **(수용적 태도)**
- 요즘 부모들은 **도장들을 몇 군데 선정해 방문상담을 진행한 후 등록을 결정**하는 경우가 많다. 그렇기 때문에 등록을 진행하지 않고 결정을 보류한 경우 실미등록으로 간주하지 말고 **등록 결정이 미루어지는 것으로 판단**하여야 한다,
- 등록 결정을 미룬 부모에게는 지속적인 연락을 통해 인연의 끈을 계속 가지고 가며 **도장 체험 프로그램을 적극 권유, 참석할 수 있도록 한다.**

대처법

등록 결정을 보류하는 경우 부모의 심리적 동기를 변화시키는 단서가 필요하다. 즉, 부모의 요구를 제대로 파악하지 못해 방문 상담 시 지도진이 놓친 부분을 다시 부모와의 통화를 통해 단서를 제공하고 재방문을 유도하거나 부모의 숨겨진 요구를 제대로 파악해 대안을 제시할 수 있어야 한다.

(2) 좀 더 알아보고 다시 올게요.

① 좀 더 알아보고 다시 올게요.

< 권장 >
- 어머님(아버님), 저희 동네에는 많은 도장이 있습니다. 당연히 둘러보시고 결정을 하시는 게 옳다고 생각합니다. 저희 도장에서는 **부모님의 올바르고 현명한 판단을 위해** ○○이를 위한 **체험 수업이 준비되어 있습니다.** 소요시간은 3일 정도 소요되며 이 체험수업을 통해 자녀의 기본적인 운동기능과 도장에서 필요로 하는 몸 쓰임, 규

① 좀 더 알아보고 다시 올게요.

칙 지키기 등을 통해 **태권도장을 미리 경험하게 하는 프로그램입니다. 어떠십니까?** ○○이와 언제 체험 수업을 진행하는 것이 좋겠습니까? **내일과 모레 중 언제가 좋으시겠습니까?**

< 비권장 >
- 그럼 다른 도장들 다녀보시고 결정하세요.
- 등록을 서두르시는 게 좋습니다. 이유는…

상담원칙

- **공감:** 부모의 입장에서 생각하고 느끼는 것으로 부모의 감정을 공감한다고 느낄 때 지도진을 상대방이 신뢰할 수 있다.
- **진정성:** 도장 등록 상담은 지도자와 부모와의 초기 만남 단계로 볼 수 있다. 이때, 가식이나 억지로 꾸며진 모습이 아닌 일관적이고 진실한 내용을 전달하는 것이 중요하다.
- **직접적 안내:** 도장등록 상담 시 예비수련생·부모가 요구 또는 질문, 걱정하고 있는 내용에 대해 지도자가 전문가로서 추천, 권장 등 방법을 안내하는 것이다.

02. 수련 프로그램

1) 수련안내

- 도장 프로그램을 모두 설명하기보다는 부모가 원하는 특정 프로그램이 있는지, 지도자의 질문을 통해 파악한다. 이후 해당 내용에 맞는 직접적 안내를 통해 답변의 범위를 구체화 할 수 있도록 한다.
- 상담 시 도장의 교육과정을 한눈에 볼 수 있는 표가 있다면 정보제공에 많은 도움이 될 수 있다. 또한, 상담을 어떻게 했는지에 따라 도장과 지도자에 대한 신뢰가 결정될 수 있다.

대처법

도장의 프로그램 상담 원하는 경우 태권도 이외의 프로그램, 수련환경에 관해 물어보는 것일 수 있다. 이때에는 지도자의 직접적 안내를 통해 질문의 범위를 구체화하여 답변한다.

"이런 부분이 궁금하신 거죠", "이런 시간을 추천해드립니다.", "~간단히 요약하면", "~잘 교육하도록 하겠습니다." 등의 부드럽고 명확한 기법을 통해 지도자가 상담을 이끌어 갈 수 있어야 한다. 만약 상담 대상의 의도를 정확하게 파악 하지 못하면 도장과 지도자의 신뢰가 떨어질 수 있다.

(1) 수련 프로그램이 어떻게 되나요?

① 무엇을 가르치시나요?

< 권장 >
- 도장의 수련프로그램이 **궁금하신 거죠? (명료화)**
- 저희 도장은 대한태권도협회에 인증된 교육과정[6]과 프로그램을 운영하고 있습니다. 요약해서 설명해 드리자면 크게 3가지로 나뉘는 데요, **1) 체력, 2) 태권도, 3) 인성** 교육과정이 있습니다.
- 교육과정표를 보시고 말씀해주시면 좀 더 구체적으로 설명해 드리도록 하겠습니다. **(요약)**

② 어떻게 가르치나요?

< 권장1 >
- 어머님께서 중요한 부분을 질문해주셨네요! 환경만큼이나 우선시 되는 것이 **어떻게 지도 하느냐, 지도방법과 지도 철학입니다. (명료화)**

< 권장2 >
- 저희 도장 지도진은 0명으로 구성이 되어있습니다, 대한태권도협회의 전문교육과정을 이수한 전문 사범님들이 **열정과 사랑으로 수련생들을** 지도하고 있습니다. **(정보제공)**
- 또한, 저희 도장은 수련과 더불어 **아이가 성장해 나가는 시기에 필요한** 올바른 **습관화 교육과 사회와 단체생활에 꼭 필요한 인성교육을** 잘 지도하는 도장입니다. **(진정성)**

< 권장3 >
- 저희 도장의 교육은 도장의 시작적응과 교육문화의 적응부터 시작합니다. 수련생이 도장의 문화에 적응하기 시작하면 본격적으로 사범님에게 태권도를 배우고, 동료 수련생들과 교육활동을 합니다. 이러한 교육들은 시간이 지나 올바른 습관으로 형성됩니다. 또한, 또래 간의 사회영역이 넓어지고, 체계적인 행동학습을 통해 자연스럽게 신체발달과 긍정적 사고, 안정적인 자아 형성으로 이어집니다. **(진정성)**

---

[6] 대한태권도협회 교육과정표 참고 p.82

② 어떻게 가르치나요?

< 권장4 >
- 추후 자녀가 태권도를 다니게 된다면, 주기적으로 자녀가 태권도에 적응하고, 배우는 모습을 보실 수 있도록, 참관수업 및 활동 내용을 상담한답니다. **(안심시키기)**

<비권장>
- 저희 도장은 아이들이 좋아할 만한 (놀이형) 프로그램들이 많아요. **(맹목적인 태도)**
- 저희 도장은 다른 도장에 비해 최고랍니다. **(맹목적인 태도)**
- 저희 도장은 OO 출신으로 아주 잘 지도합니다. **(맹목적인 태도)**
- 저희 도장은 그런 것들을 하지 않습니다. **(무성의한 태도)**

상담원칙

- **정보제공**: 전체적인 수련 시간을 먼저 안내하는 것이 좋다. 또한, 수련 시간의 변경 또는 추가 시에도 수련 시간과 각각의 특징을 전달한다.
- **직접적 안내**: 수련 시간의 변경이나 추가에 대한 질문, 걱정을 전달받았을 때에는 상대방 수련생·부모에게 태권도 지도자가 직접 필요해 보이는 것 또는 지도자가 추천하고 싶은 것은 정확하게 전달하는 것이 좋다.
- **반영**: 수련 시간에 대한 수련생·부모의 반응과 생각에 대해 추가적으로 부연 설명을 하여 전달하거나, 수련생·부모의 의견을 고려하여 같은 의미를 전달한다.

2) 수련변경(부모 요구)

- 수련시간의 변경은 학교, 학원의 스케줄과 또래 관계, 기술과정에 따른 변경이 요구가 있을 수 있다. 또한, 심사, 대회, 특별반 편성 등에 따라 태권도장에서의 수련시간 변경 요청 상황이 발생할 수 있다.

- 수련생의 태권도 기술이 부족함에도 불구하고 부모님의 강력한 요구로 특별반의 수련 시간으로 변경되는 경우도 있는데, 특별반의 가입 기준과 명확한 정보 제공을 통해 이해와 합의가 되어야 서로 간의 갈등이 없을 것이다. 또한, 드물게 맞벌이 가정의 상황으로 인해 수련시간 이외 추가가 되는 경우도 있다. 이때 도장의 책임 범위를 충분히 설명하도록 한다. 수업일수 변경은 심사와 관계가 밀접함으로 도장의 교육일수 안내와 규정을 명확하게 정보제공이 되어야만 부모와 수련생과의 갈등이 없을 것이다.

대처법

일수 변경과 특별반 변경 요구는 도장의 명확한 기준이 있어야만 효율적으로 대처할 수 있다. 수업일수의 변경은 바쁜 스케줄에 의한 체력적 부담 요소가 있을 수 있으므로 학부모 의도를 충분히 파악하여 대처한다. 특별반 요구는 부모 불만의 감정 있을 수 있기에 지도자의 감정을 드러내지 않고 조절하여 대처한다.

드물게 특별 요청으로 부모의 부재로 인한 수련 이외 시간이 추가되는 경우가 있는데 피치 못 할 부모님의 사정을 고려하여 도장에서 할 수 있는 책임범위를 충분히 설명해야 한다. 가능하다면 외면보다는 상황적 수용으로 분위기를 이끌어 가는 것이 좋다.

(1) 수련 스케줄을 바꾸고 싶어요.

① 수업일수를 주 5회(3회)로 변경을 요청합니다.

< 권장1 >
- ○○이가 학원이 많이 바쁜가 봅니다. 고학년이 되면 많이 바쁠 시기 이긴 하죠? **(수용, 명료화)**

< 권장2 >
- 수업일수 변경을 할 수 있으나 **수업일수의 결손**이 생겨 조금 달라지는 부분이 있는데 어쩌죠? **(반영)**
- 심사기준과 수련비, 두 가지 부분이 달라지게 되거든요! 심사의 경우 정규반(주5회)과 주 3회 기준이 다르게 운영이 됩니다. 정규반 승급심사는 주 5회 기준으로 교육일수는 ○○이고, 주 3회 교육일수는 ○○일 입니다. 수업일수가 ○○일이 줄어드는 만큼 **운동량과 수련의 진도가 차이**가 발생할 수 있습니다. 또한, 이로 인해 **승급·승품의 기준이 달라집니다. (정보제공, 요약, 직접적 안내)**[7]
- 승품의 경우, 품 위계에 따라 ○년 ○○○시간을 교육 이수해야만 도장에서 심사추천이 가능해지는데 주 3회 반은 수업일수의 결손으로 ○개월 차이가 발생하게 됩니다. **(정보제공, 요약, 직접적 안내)**
- 교육비는 정규반 ○○원에서 주 3회 ○○원으로 변경됩니다. 추후 이해되기 쉽도록 **문서로 보기 쉽게 발송**해드리도록 하겠습니다. **(정보제공, 요약, 직접적 안내)**[8]

< 권장3 >
- 여기까지가 저희 도장의 심사와 수련비 관련 규정이었습니다. 혹시나 ○○이가 학원적응이 잘되어 정규반으로 등록하게 되면 저희 **지도진이 특별히** 더욱더 **열정으로 지도**하여 **학업과 운동이 균형 있게** 이루어질 수 있도록 노력하겠습니다. **(진정성)**
- 그리고 항상 ○○이의 꿈을 향한 도전에 응원하도록 하겠습니다. **(진정성)**

<비권장>
- 수련일수 변경이 되면 심사가 늦어지니 감안하셔야 합니다. **(맹목적인 태도, 무성의한 태도)**

---
7) 정확한 정보의 전달을 위해 개별 도장의 심사 기준표를 제시하여 요약의 방법으로 직접 안내하는 것이 좋다.
8) 개별 도장의 수련비 기준표를 제시한다.

② 우리 아이가 특별반(시범단, 선수부 등)에 들어갈 수 있을까요?

< 권장1 >
- OO이가 특별반에 가입이 못되어 많이 서운하신가 봅니다. 저 역시 OO이가 **특별반에 못 들어온 것이 맘에 걸렸습니다.** (공감)

< 권장2 >
- 특별반의 평가는 일반 승급심사와 달리 체력과 기술의 기준이 높기 때문에 특별반 입반이 많이 어렵기는 합니다. **(자기 개방화)** 도장에서는 누구에게나 평등한 기회를 제공하기에 특별반 테스트를 연간 3회를 실시하고 있습니다. **(정보제공)**

< 권장3 >
- 지금 **실패의 경험**이 OO이에게 마음의 상처로 느껴질 수 있겠지만, 오히려 이 과정을 딛고 일어선다면 분명히 어떤 아이들보다 더 멋진 OO이로 **성장**할 수 있을 것입니다. **(진정성)**
- 저희 지도진 역시 OO이의 마음을 **충분히 헤아려** 이 과정을 잘 극복하고, 체력과 기술을 좀 더 키워 다음에 꼭 특별반에서 함께 할 수 있도록 신경을 써서 **지도**하겠습니다. **(진정성)**
- 부모님 지금은 조금 서운하시겠지만, 저희 지도진과 OO이를 믿고 기다려 **주시면 어떨까요?** 앞으로도 많은 응원과 사랑의 관심을 부탁드립니다. **(진정성)**

<비권장>
- 실력이 부족해서 특별반에 못 들어갑니다. **(무성의한 태도, 일방적 거절)**

③ 제가 오늘 조금 늦게 퇴근하는데 도장에 아이가 있을 수 있나요?

< 권장1 >
- 오늘따라 많이 바쁘시군요! OO이가 태권도 마치고 돌아가면 집에 **아무도 없는 거죠? 많이 걱정되실 것 같습니다.** (수용적 태도)

< 권장2 >
- 저희가 도장에서 어머님이 오실 때까지 함께 있도록 하겠습니다. 다만 OO이를 잘 챙기도록 하겠지만, 저희 **지도진의 수업으로 인해** 신경을 많이 쓰지 못하더라도 양해 부탁드립니다. **(정보제공)**

③ 제가 오늘 조금 늦게 퇴근하는데 도장에 아이가 있을 수 있나요?

< 권장3 >

- 부모님이 몇 시쯤 도착하시는지 시간을 말씀해주시면 그 시간까지 도장에서 OO이가 있을 수 있도록 하겠습니다. **(요약)**
- 그럼 태권도 도장에 구비되어 있는 책을 보며 편하게 있으라고 전달해두도록 하겠습니다. 혹시라도 도착 시각이 변경되면 **다시 한 번 연락**을 부탁드립니다. **(안심시키기)**

<비권장>

- 부모님 저희도 바빠서 아이를 특별히 챙기는 게 어려워요. **(무성의한 태도, 회피하기)**

상담원칙

- **정보제공:** 수업일수가 변경되거나 추가되는 경우, 변경되는 상황에 따라 바뀌게 될 정보들에 대해 정확한 정보를 전달해야 한다. 특히 심사 시기, 교육비 변동 등 예민한 문제에 대해 더 명확하게 전달한다.
- **명료화:** 정보를 전달하는 과정에서는 전달될 내용을 뚜렷하게 해야 한다. 또한, 수련생·부모의 질문이나 요청에 대해 명확히 어떤 것을 어떻게 변경 또는 추가하는지 그 의미를 파악하여 더 분명하게 말해주어야 한다.

3) 수련시간 변경(지도자 요구)

- 지도자의 요청으로 심사나 대회 준비, 연령대에 따른 수련의 변경이 필요할 경우, 지도자는 일방적인 요구가 아닌 부모님이 이해할 만한 상황의 설명을 충분히 하여 서로 간의 논의가 이루어져야 한다.
- 만약 이런 논의 들이 잘 이루어지지 못하고 통보식의 상담이 되어버린다면 부모, 수련생의 불만으로 이어질 수 있으며, 지도자의 강요로 보일 수도 있다. 수련생과 부모가 충분히 배려를 받고 있다고 느끼게 해야 한다.

대처법

국기원 심사, 특별반 운영, 나이별 분리에 따라 지도자가 수련시간을 변경하도록 요청할 수 있다. 요청 시 부모님에게 교육과정의 분리와 그에 맞는 상황을 충분히 설명하여 오해가 없도록 상담을 한다.

상담 시 지도자의 강요로 보이지 않도록 하며, 수련생의 스케줄을 충분히 고려하여 논의해야 할 것이다. "○○이가 시간이 되는 요일이 언제일까요?", "○○이가 학업과 운동을 충분히 병행하도록 신경 쓰겠습니다."와 같이 수련생과 부모의 스케줄을 먼저 고려하는 것이 중요하다.

(1) 부모님! 아이 수련을 변경하려 하는데 어떻게 하는 것이 좋을까요?

① 연령과 수준에 따라 수련시간 변경이 되어야 하는데 가능할까요?

< 권장1 >
- (지도자가 부모님께 전화하는 상황) 안녕하세요? OOOO 도장입니다. 요즘 별일 없으시죠? 다름이 아니라 OO이 일로 전화를 드렸어요. 혹시 통화가 가능하실까요? OO이가 **내년에 학년이 올라가게 되는데** 수련시간의 변경이 가능할까 해서요? **(요약)**

< 권장2 >
- 지금 OOO이가 오는 수련시간은 **저학년들과 유치부 아이들이 많이** 오게 되는 시간이랍니다. 이러한 상황이다 보니 조금씩 **사춘기에 접어드는** OO이와 **운동의 수준, 인성교육들의 내용이 수준과 맞지 않게** 되더라고요. **(정보제공, 직접안내)**

< 권장3 >
- 안 그래도 학업에 신경 쓸 시기인데 제가 어머님께 괜히 부담만 드리는 것이 아닌지 모르겠습니다. 저희 도장 측면에서 아무래도 저녁부가 OO이의 친구 관계나 **수련환경에 잘 맞고** 지도자와 소통하는 내용이 좀 더 성숙하기에 OO이의 **마음의 성장에 많은 도움이 될 것 같아서요. (진정성)**
- 혹시나 매일 저녁부에 오는 것이 부담된다면 OO이의 **여러 상황을 고려하여 주 2~3회라도** 되는 날은 저녁에 보내주시면 수련이 부족하지 않도록 지도하겠습니다. **(정보제공, 직접안내)**

<비권장>
- 부모님 OO이를 O시부에 보내주세요. **(맹목적인 태도)**
- OO이의 상태는 이 수업과는 맞지 않습니다. **(맹목적인 태도)**

② 심사와 대회준비로 보강을 조금 더 해야 할 것 같습니다.

< 권장1 >
- (지도자가 부모님께 전화하는 상황) 안녕하세요! OOOO 도장입니다. 다름이 아니라 OO이의 수련을 보강했으면 해서 전화를 드렸습니다. **(요약)**

② 심사와 대회준비로 보강을 조금 더 해야 할 것 같습니다.

< 권장2 >
- OOO이가 이번에 대회(심사)에 출전하게 됩니다. 아무래도 대회(심사)이다 보니 도장별로 실력이 우수한 수련생이 출전합니다. 그러기에 OOO이의 동작과 함께 컨디션을 좀 더 끌어 올려줘야 할 것 같아서요. 특별반으로 오게 되면 이번 대회(심사)에 출전하는 수련생들만 있어서 많은 도움이 될 것 같습니다. **(반영)**

< 권장3 >
- 대회의 특성상 **조금의 실수가 결과로 이어지기에** OO시간 보강을 하려 합니다. **보강은 대회가 준비 기간 내에만** 이루어지며 대회 종료 후에는 보강은 하지 않습니다. **(안심시키기)**
- OOO이가 요일에 따라 스케줄이 바쁜 날이 있을 수 있을 거라 예상이 됩니다. 또한, 일반 수련생들과 운동량이 다르기에 체력적으로 많이 부담되는 날도 있을 거고요. **스케줄이 바쁘거나 몸이 많이 피곤한 날은** 저희에게 이야기해주시면 **보강을 하지 않고 정규 수업만** 하도록 하겠습니다. **(요약, 정보제공, 직접적 안내)**

< 비권장 >
- 어머님, 아이가 이 시간에 오는 것은 맞지 않으니 다른 시간에 보내주세요. **(통보하기, 맹목적인 태도)**
- 학원이 중요한 것이 아니라 대회·심사가 지금 당장 중요하니 변경을 부탁드립니다. **(통보하기, 맹목적인 태도)**
- 하기 싫으면 억지로 시키지 않겠습니다. **(무성의한 태도)**
- 저희의 사정도 있으니 이해해주세요. **(무성의한 태도)**

상담원칙

- **정보제공:** 수업일수가 변경되거나 추가되는 경우, 변경되는 상황에 따라 바뀌게 될 정보들에 대해 정확한 정보를 전달해야 한다. 특히 심사 시기, 교육비 변동 등 예민한 문제에 대해 더 명확하게 전달한다.
- **명료화:** 정보를 전달하는 과정에서는 전달될 내용을 뚜렷하게 해야 한다. 또한, 수련생·부모의 질문이나 요청에 대해 명확히 어떤 것을 어떻게 변경 또는 추가하는지 그 의미를 파악하여 더 분명하게 말해주어야 한다.

03. 수련 효과

1) 신체적 수련 효과

- 체중, 키 성장, 운동 기능 미숙, 체형 불균형 등 신체 발달이나 변화에 관한 상담은 부모가 지도자에게 수련 목표와 효과를 확인하고자 하거나, 불확실한 정보에 대한 불안을 지도자와 공유하고자 하는 의지일 수 있다.

- '키가 크나요?', '안 크면 어떡하죠?', '힘들지 않나요?', '다치지 않나요?'라고 하는 말들은 '클 수 있도록 도와주세요', '힘들거나 다치지 않았으면 좋겠어요'의 바람을 우회적으로 표현한 것일 수 있다.

대처법

태권도 수련은 맨몸운동으로 전신에 고른 자극을 주어 신체발달이나 성장변화에 효율적인 운동이다. 신체발달이나 변화를 반영한 운동 프로그램이 준비되어 있으며, 지도자가 수련생 개개인의 수련목표를 인식하고 있음을 알려주며 걱정에 공감해야 한다.
신체와 관련한 운동효과는 개인차가 크고 단기간에 나타나기 어려우므로 장기간 꾸준한 노력이 필요하다. 부모와 수련생과 지도자가 공동의 목표를 갖도록 진정성 있게 접근하여 공조관계를 이끌어 내야 한다.

(1) 태권도를 배우면 신체적으로 어떤 효과가 있나요?

① 태권도 수련을 일 년 넘게 하는데도 살이 안 빠지네요.

< 권장 >

- 자녀가 태권도 수련을 장기적으로 했음에도 **살이 빠지지 않아서 걱정하고 계시는 거죠?** 저도 생각보다 체중이 빠지지 않아서 유심히 지켜보는 중이었는 데 어머님도 걱정하고 계셨네요. **(반영)**
- 저희 수련은 **1회 참여시 체중 40kg 기준으로 300kcal 정도 소모**하는 운동량으로 프로그램이 준비되어 있습니다. 운동 기간이 좀 지나면 몸무게는 그대로여도 체형은 달라지기도 해요. **아이들은 체중을 감량한다기보다는 더 이상 체중이 늘지 않고 키 성장에 도움을 줄 수 있도록 하는 것을 더 권장하긴** 합니다. **(정보제공)**[9]
- 그래도 어머님이 걱정하시니, 추가로 **운동량과 음식섭취량, 습관까지 더 효율적인 방법을 찾아봐야** 할 것 같습니다. **(진정성)**
- 어머니께서도 ○○이의 **식단이나 칼로리 점검을 한 번 해주시길 부탁**드립니다. 저희도 조금 더 효율적인 방법을 찾아보겠습니다. **(협조 구하기)**[10]

< 비권장 >

- 많이 빠졌던데요. **(반박)**
- 우리가 운동을 아무리 많이 시켜도 많이 먹으니까 안 빠지는 겁니다. **(비난)**
- 저희가 운동을 더 많이 시켜서 빼 드리겠습니다. **(맹목적인 태도)**

② 태권도를 수련하고 나면 너무 힘들어해요.

< 권장 >

- ○○이가 집에서 태권도가 힘들다고 해서 **어머니가 걱정하고 계셨군요.** 아이가 힘들다고 하면 괜히 **힘들게 하나 싶은 생각에 마음이 쓰이실 것** 같아요. **(반영, 공감)**
- 도장에서는 **힘든 내색하지 않고 의젓하게 곧잘 따라하는** 데, 어머니께는 힘들다고 응석도 부리고 그런가 봅니다. **(안심시키기)**

---

[9] 사실, 정보 이론 등을 바탕으로 질문에 대한 정보를 전달한다.
[10] 가정, 학교 등 태권도장 외의 생활에서 도움이 필요한 부분들에 대해 태권도장에서 가정으로 또는 부모에게 구체적인 정보 내용을 전달하여 문제가 해결될 수 있도록 도움을 구한다.

② 태권도를 수련하고 나면 너무 힘들어해요.

- 체력은 근육량이 많아지면 좋아지는 건데요. 아직은 운동 기간이 오래되지 않아서 근육량도 적고, 피로 회복 속도도 느립니다. 꾸준하게 해서 피로감을 느끼는 이 단계를 **넘어서야 체력이 붙게 됩니다. (정보제공)**
- 저희도 수련하면서 ○○이가 힘들어하는 다른 이유가 있는 건지 한번 잘 살펴보고 말씀드리겠습니다. 어머니께서도 ○○이가 도장 다녀와서 힘들다고 하면, **'우리 아들(딸)이 힘들었을 텐데 씩씩하게 해내고 왔구나! 기특하네~'**라고 말해 주시면 더 잘 이겨 낼 겁니다. **(진정성)**

< 비권장 >
- 이까짓게 힘들다고 하면 어떡해요. 강하게 키우셔야죠. **(빈정거리는 태도)**
- 힘들다고 하면 쉬엄쉬엄 보내세요. **(무성의한 태도)**
- 보내주시면 저희가 운동을 조금씩 시키겠습니다. **(맹목적인 태도)**

② 태권도를 수련하고 나면 너무 힘들어해요.

< 권장 >
- ○○이가 **태권도만 너무 좋아해서 걱정되셨나 보네요.** 공부가 중요할 시기인데 태권도만 좋아하고 공부를 안 하려고 한다고 느끼면 저라도 걱정될 것 같습니다. **(반영, 공감)**
- 그렇죠, 어머니, 요즘 ○○이가 태권도 수련에 열정을 쏟아 붓고 있지요. 저는 **○○이가 요즘 열정을 쏟아 낼 무언가를 발견했다는 것이 정말 멋있어 보입니다.** 살아가면서 공부와 운동은 선택의 문제가 아니라 둘 다 필수 요소인데 운동하면서 느끼는 유능감이나 만족감이 공부하는 것에 비해 빠르게 확인할 수 있고, 한참 운동능력이 발달할 때라서 **지금은 운동만 좋아하는 것처럼 보이는 것** 같습니다. **(안심시키기)**
- 제 경험으로 봤을 때 **뭔가에 열정을 쏟아 부은 경험이 있는 아이들은 흥미가 다른 곳으로 옮겨가도 열정을 쏟아서 하게 되더라고요.** 아이가 열정적으로 도전하는 일이 생겼을 때, 외부적으로 좌절시키는 일은 좋은 생각이 아닌 것 같습니다. **(정보제공)**
- ○○이에게 혹시 공부를 소홀하게 하는 것처럼 보이는 이유가 있는지 상담도 해보고, **공부를 지금보다 더 중요하게 생각하도록 설득**해 봐야겠습니다. ○○이는 열정적인 아이라 자신이 마음먹으면 잘할 수 있을 거로 생각합니다. **(진정성)**

② 태권도를 수련하고 나면 너무 힘들어해요.

< 비권장 >
- 제가 혼내서 공부를 더 열심히 하도록 하겠습니다. **(맹목적인 태도)**
- 네, 알겠습니다. 혼나야겠네요. 며칠 쉬게 해주세요. **(무성의한 태도)**

④ 운동신경이 없어서 다른 아이들보다 못할까 봐 걱정돼요.

< 권장 >
- 아이가 **다른 아이들보다 운동발달이 느린 것 같아서 걱정하고 계시네요.** 다른 아이들과 비교당해서 자존심 상하거나, 못한다고 혼날까 봐 걱정하시는 것이죠? **(반영)**
- 그렇죠, 아이가 스트레스받는다고 생각하면 걱정되실 겁니다. **(공감)**
- 그렇지만 저희는 **수련하면서 아이를 비교하거나, 운동 실력으로 평가하지 않으려고** 노력합니다. 지금 현재보다 나아지고 있는가가 항상 중요한 교육의 핵심이고, **아이들도 본인의 모습이 달라지고 있다는 것에 재미를 붙이게** 하려고 노력하고 있습니다. **(안심시키기)**
- 저희가 태권도 수련에서 핵심적인 재밋거리는 자기 주도적인 성장과 성취에 두고 작은 목표로 끊임없이 성공경험을 주려고 합니다. 못한다는 의미가 없습니다. **잘한다, 못한다는 비교나 평가를 배제하고 이전보다 나아지는 재미로 수련하게 될 겁니다. (정보제공)**
- 그렇지만 아이가 운동 실력 때문에 힘들어하거나, 비교당했다는 생각을 할 때가 있으면 언제든지 말씀해주십시오. 아이들이 저희 의도와 다르게 인식할 때도 있어서, 어머니가 말씀해 주시면 개인적으로 상담해서 풀어주고 수련하도록 하겠습니다. **(진정성)**

< 비권장 >
- 저희도 아이들이 즐겁게 하는 것이 우선입니다. **(회피하기)**
- 저희에게 맡겨주시면 알아서 하겠습니다. **(맹목적인 태도)**
- 태권도 배우러 와서 태권도를 못해도 된다니요! 그럼 놀이터를 가야지요! **(비난)**

⑤ 또래 아이들보다 키가 작은데 태권도를 하면 키가 크나요?

< 권장 >

- 아이가 **키가 더 많이 컸으면 좋겠다는 말씀**이시지요? 모든 부모님의 한결같은 바람인 것 같습니다. **(반영)**
- 태권도는 **전신을 자극하는 맨몸운동이라 수련하면 키가 잘 크는 운동**이 맞습니다. **(안심시키기)**
- 키 크기를 주로 결정하는 것은 유전, 영양, 운동 3가지라고 할 수 있는데 저희 도장은 운동프로그램으로 성장 체조, 스트레칭도 하고 유산소운동도 하면서 **키 성장에 도움이 되는 운동프로그램을 날마다 수련**시키고 있습니다. **(정보제공)**
- ○○이가 꾸준하게 운동하고, 잘 자랄 수 있도록 저희가 잘 지도해 나가겠습니다. **(진정성)**

< 비권장 >

- 키는 유전이라서, 부모님 닮은 건데… **(책임회피)**
- 애들은 클 때 되면 다 큽니다. **(무성의한 태도)**
- 저희가 책임지고 키를 키워 드릴 겁니다. **(맹목적인 태도)**

⑥ 태권도를 하면 많이 다치던데 겨루기는 너무 위험하지 않나요?

< 권장 >

- 운동하다가 다칠까 봐 걱정하고 계시네요. 저희도 **운동하면서 아이들이 다칠까봐 항상 걱정**한답니다. **(공감)**
- 그래서 **시설에서부터, 프로그램준비, 수련규칙까지 다양한 안전장치**들을 합니다. 그래서 그런지 다치는 경우는 거의 없습니다. **(안심시키기)**
- 몸 건강하자고 태권도 수련하다가 다치면 안 하는 것만 못하니 저희 지도진들은 항상 안전을 우선으로 수련합니다. **특히 겨루기는 안전장비를 착용하고 지도하기 때문에 작은 멍 정도의 부상은 있을 수 있지만 큰 부상은 거의 없습니다. (안심시키기)**
- 저희도 귀하고 예쁜 아이들이 다치면 안 되니까 다치지 않는 것을 매우 중요하게 생각하고 더 긴장하고 지도합니다. **(진정성)**

⑥ 태권도를 하면 많이 다치던데 겨루기는 너무 위험하지 않나요?

< 비권장 >

- 안 다쳐요. 한 번도 다친 적이 없어요. **(둘러대기)**
- 너무 걱정하지 마세요. 아이들은 다치면서 크는 거죠. **(무성의한 태도)**
- 제가 책임지고 다치지 않게 할 테니까 걱정하지 마시고 저를 믿으세요. **(맹목적인 태도)**

상담원칙

- **반영:** 상담 초기 단계에서 많이 활용되는 기법으로 수련생·부모의 감정, 생각 또는 태도를 태권도 지도자가 다른 말로 부연해 전달하는 것이다.
- **공감:** 경청, 이해와 마찬가지로 상담의 초기 단계에서 수련생·부모의 상황과 감정, 생각을 그들에 입장에서 이해하는 것을 말한다. 공감을 상대방에게 전달하기 위해 비언어적 표현으로 제스처나 표정, 목소리, 어투를 사용할 수 있으며 간단한 고개 끄덕임, '아, 그렇군요'와 같은 호응이 대표적이다.
- **안심시키기:** 태권도 지도자에게 전달된 문제 사항이나 수련생·부모의 고충, 걱정 등을 그들이 생각하는 의미보다 축소하거나 보편적인 의미로 해석해 전달한다.
- **정보제공:** 교육 효과와 관련하여 수련생·부모의 질문에 대한 대답, 관련된 사실, 특정 자료, 의견을 제공하여 상담문제를 해소할 수 있다.
- **진정성:** 태권도 상담에서 가장 기본이 되는 갖추어야 할 태도나 마음가짐으로 수련생·부모에게 신뢰성, 투명성을 전달해야 한다. 태권도 지도사가 수련생·부모를 대하는데 가식이나 겉치레가 아닌 진심이 느껴지도록 하는 것이 중요하다.

2) 성격 또는 행동문제

- 아동의 행동이나 성격에 관한 상담은 내성적, 소극적, 집중력부족, 산만 등 행동의 범위나 패턴이 모호하고, 상담을 원하는 부모가 자신의 잣대로 자녀를 평가하고, 좋고, 나쁨의 기준을 두고 상담을 요청하는 경우가 많다. 또한, 성격에 관한 상담은 부모의 지나친 기대감에서 출발하는 경우가 많다. 걱정이 어떤 행동에서 출발하고 있는지 구체화하고, 또래의 발달에 맞춰 일반화한다.

- 문제로 느껴지는 행동이 성장 과정에서 일어나는 또래들의 자연스러운 행동인지, 아니면 일상생활에 어려움을 느낄 정도의 문제 행동인지를 구분하여 보고, 일상생활에서 심각한 어려움을 느낄 수 있다고 판단되면 직접 해결하기보다는 도움을 받을 수 있는 무료기관을 추천하는 것도 도움이 된다. 단순한 정도의 행동문제라면 태권도 수련과정에서 일어날 수 있는 교육적 효과와 연결 짓고 지도자와 부모가 협조하는 방안을 마련한다.

대처법

아동의 성격이나 행동에 대한 부모의 상담은 부모의 걱정에 공감하고, 어떤 행동 때문에 그런 걱정을 하고 있는지 원인을 명료하게 하며, 또래들의 발달과정에서 일어나는 문제나, 혹은 부모로서 당연한 걱정임을 말하여 안심시킨다.
이와 함께 지도자가 아이를 평가하지 않고, 불편함을 초래하는 문제들을 극복해 갈 수 있도록 교육해 나갈 것임을 확인시켜 준다.

(1) 태권도를 배우면 성격이 바뀔까요?

① 내성적, 소극적, 혹은 자신감이 없어요.

< 권장 >
- 아이의 **어떤 행동을 보고 내성적, 소극적 혹은 자신감이 없다고 생각하셨는지 말씀**해 주시겠습니까? (내성적, 혹은 소극적이라고 느끼는 행동이 어떤 것인지 구체적으로 말하게 하여 부모와 지도자가 같이 명료하게 이해한다) **(명료화)**
- 아이들은 발달 단계마다 부모님이 걱정할 만한 문제행동을 보이기도 합니다. **태권도를 수련단계를 거치고, 교육과정을 거치다 보면 자연스럽게 변화시키면서 성장**할 것입니다. **(안심시키기)**
- 내성적이거나 소극적으로 보이는 친구들은 깊게 생각하고, 신중하게 행동하기 때문에 느려 보이거나, 자신감이 없어 보일 수 있습니다. 그렇지만 **깊게 생각하고 신중하게 행동하는 것은 큰 장점이 될 수도 있습니다. (안심시키기)**
- 그렇지만 부모님이 걱정하시니, 표현하고 싶은데 못 하는 것이 있다거나, **아이 자신이 불편하다고 느낀다면** 저희가 마음을 써서 더 지도해 나갈 수 있도록 하겠습니다. **(진정성)**

< 비권장 >
- 제가 보기에도 좀 내성적이고 소극적인 것 같습니다. **(맹목적인 태도)**
- 애들은 크면서 성격이 변하니까 괜찮을 거예요. 너무 걱정하지 마세요. **(단정적 표현)**
- 성격은 타고나는 것이라서 어쩔 수 없는 것 아니겠어요! **(책임회피)**

② 친구들과 어울리지 못하는 것 같아요.

< 권장 >
- 아이의 **어떤 행동을 보고 친구들과 어울리지 못한다고 느끼셨는지 말씀**해주시겠습니까? (명료화)[11]
- **아이들도 저마다 친구와 어울리는 패턴이 있기**는 합니다. 소수의 친구와 깊이 사귀는 것을 좋아하는 아이도 있고, 많은 아이와 금방 친해지고, 아무하고나 잘 놀지만 깊게 사귀지 않는 아이도 있습니다. **(안심시키기)**

---

[11] 친구들과 어울리지 못하는 것과 어울리지 않는 것을 구분하고, 소수의 친구와 노는 것을 좋아해서 단짝 친구가 있는 것인지, 아예 친구에게 관심을 두지 않는 것인지, 친구들과 놀고 싶으나 표현방법이 서투른 것인지 명료하게 정리할 필요가 있다.

② 친구들과 어울리지 못하는 것 같아요.

- 저희 도장에서는 **태권도를 수련 속에서 자연스럽게 또래 관계가 좋아지기도 하지만, 또래 관계를 돕기 위한 여러 가지 캠프나 체험프로그램이 있으니** 참여시켜 주시면 도움이 될 것입니다. **(정보제공)**
- 저희 도장에서도 부모님의 걱정을 알았으니, **아이의 행동패턴이 어떤 것인지 살펴보고, 교육과 상담이 필요하다면 부모님께 말씀드리고,** 관리해 보도록 하겠습니다. **(진정성)**

< 비권장 >
- 아이가 친구들을 어울리려고 하지 않더라고요. **(단정적 표현)**
- 도장에서 친구를 만들어 주면 됩니다. **(무성의한 태도)**
- 성격은 타고나는 것이라서 어쩔 수 없는 것 아니겠어요! **(책임회피)**
- 애들은 크면서 성격이 변하니까 괜찮을 거예요. 너무 걱정하지 마세요. **(맹목적인 태도)**

③ 집중력이 부족하고 산만해서 걱정이에요.

< 권장 >
- 아이의 **어떤 행동을 보고 집중력이 부족하고 산만하다고 생각하셨는지** 말씀해주시겠습니까? **(명료화)**[12]
- 아직은 한 가지 과제에 오래 집중하기 힘든 나이입니다. 같은 연령대 또래 **아이들 대부분은 발달과정에서 산만한 행동을 나타내곤** 합니다. **(정보제공)**
- 하지만 자기가 좋아하는 일을 할 때는 길게 집중하기도 합니다. 주변 분들이 **자꾸 산만하다고 나무라면 불안이 높아져서 더 산만해질 수 있습니다.** 태권도를 수련하면서 명상도 하고, 집중력 훈련도 하고, 규칙을 알고 지키는 훈련을 하다 보면 집중할 수 있는 시간이 더 길어지게 될 것입니다. **(직접적 안내)**
- 저희도 **아이를 지켜보면서 과제에 집중하고, 스스로 자신을 조절해 나갈 수 있도록 지도하겠습니다. (진정성)**

---

12) 상담 시 부모와 예비수련생 분리를 기본으로 한다. 부모님과 상담하는 동안 다른 지도자의 관리하에 예비수련생은 건강 테스트를 받거나 도장 소개 동영상을 시청한다.

③ 집중력이 부족하고 산만해서 걱정이에요.

< 비권장 >

- 도장에서도 산만해서 집중을 잘 못 하더라고요. **(단정적 표현)**
- 태권도 배우면 집중력도 좋아지고, 산만한 것도 좋아집니다. **(맹목적인 태도)**
- 성격은 타고나는 것이라서 어쩔 수 없는 것 아니겠어요! **(무성의한 태도)**
- 애들은 크면서 성격이 변하니까 괜찮을 거예요. 너무 걱정하지 마세요. **(맹목적인 태도)**

④ 너무 자주 울어요. 태권도장에서도 잘 울지요? 걱정이에요.

< 권장 >

- 어머니는 아이가 우는 모습을 보면서 속이 많이 상하셨나 봅니다. 그런데 **아이가 대개 어떤 상황에서 우는 것 같으십니까?** (자주 우는 아이는 대부분 감정표현이나 의사 전달이 서투를 때 우는 것으로 표현할 때가 많다. 이럴 경우 대부분 부모님은 우는 것을 혼내거나, 못하게 강제하게 된다) **(명료화)**
- 아이들은 대부분 속상하거나, 억울하거나, 어떻게 해야 할지 판단이 서지 않을 때 **우는 것으로 표현할 때가 많이** 있습니다. **(안심시키기)**
- 도장에서도 가끔 울 때가 있는데, 우는 건 나쁘게 생각하지는 않습니다. 조금 기다리면 마음을 가라앉히고 자기의 생각을 말하고는 합니다. **감정표현이 서툴러서 그러는 것이니까, 조금 기다려 주면 됩니다.** 그리고 저희는 울고 나서도 할 건 해야 하니까, 울음 끝이 길진 않습니다. **(직접적 안내)**
- 그렇지만 부모님께서 자주 우는 것 때문에 걱정하시니까, **저희도 좀 더 나은 방법으로 감정을 표현할 수 있도록 지도**하겠습니다. **(진정성)**

< 비권장 >

- 그러게요. 저희 도장에서도 잘 울어요. 운다고 혼냈더니 요즘은 좀 덜 우는 것 같기도 하네요. **(넘겨짚기)**
- 울지 말고 말로 하라고 해도 울기만 하니 답답해요. **(회피하기)**
- 성격은 타고나는 것이라서 어쩔 수 없는 것 아니겠어요! **(무성의한 태도)**
- 애들은 크면서 성격이 변하니까 괜찮을 거예요. 너무 걱정하지 마세요. **(무성의한 태도)**

⑤ 인사를 잘 안 해요. 어른들을 보면 인사하라고 시켜도 잘 안 해요.

< 권장 >
- 아이가 인사를 좀 잘했으면 좋겠는데 **인사를 잘 안 해서 버릇없는 아이로 보일까 봐 걱정하고 계시는 것** 같습니다. **(반영)**
- 아이가 대개 어떤 상황에서 인사를 안 한다고 느끼셨습니까? **(명료화)**
- 아이들은 사람을 만나면 인사해야 한다는 것을 생각 못 할 때도 있고 마음속으로는 인사를 하고 싶으나 인사가 나오는 데 시간이 걸리기도 합니다. 하지만 어른들의 눈으로 보면 예의 없이 보일까 봐 독촉하게 되고, 인사를 독촉하게 되면 멋쩍어서 인사하기를 더 어려워하기도 합니다. ○○이는 **도장에서는 인사 타이밍을 잡도록 잠시 기다려 주면 시키지 않아도 잘하고** 있습니다. **(직접적 안내)**
- 그러나 어머니가 걱정하시니, 인사타이밍을 빠르게 잡고 먼저 인사하도록 더 돌보고 교육하도록 하겠습니다. **(진정성)**

< 비권장 >
- 아이들이 커 가면서 다 그렇죠. 뭐! 할 때 되면 다 해요. **(무성의)**
- 제 생각엔 부모님이 너무 혼내셔서 그런 것 같은데요? **(빈정거리는 태도)**
- 인사를 안 한다니 예의가 없네요. 혼내서라도 인사를 하도록 해야죠. **(맹목적인 태도)**
- 저희 태권도 다니면 다 좋아져요. **(맹목적인 태도)**
- 부모님이 잘 못 알고 계시는 거예요. ○○이 인사 잘해요. **(반박)**

상담원칙

- **명료화**: 성격 또는 행동 문제와 관련된 수련 효과의 상담에서는 수련생·부모의 질문이나 말의 요점을 파악하여 명료하게 정리할 필요가 있다.
- **안심시키기**: 걱정하고 있는 상황이 또래 아이들 발달과정에서 일어나는 문제라는 것과 우려하는 것은 부모로서 당연한 걱정임을 전달한다.
- **직접적 안내**: 걱정하거나 우려하고 있는 것에 대해 태권도 지도자로서 어떠한 방법이나 정보를 직접적으로 권하거나 전달한다.

3) 교육요청

- 인사를 잘하게, 예의 바른 친구로, 도장에 다니면서 나쁜 말을 하지 않도록, 태권도를 좀 더 잘하게 등 부모가 도장에 대해 직접적으로 요청하는 경우가 자주 있다. 직접적으로 교육을 요청하는 경우는 대부분 도장교육에 회의적이어서 요청하는 경우도 속할 수 있으며, '교육에 좀 더 신경 써 주세요'의 의미를 포함하고 있다.
- 구체적인 상담내용과 부모님의 요구 방법에 따라 다른 기법이 쓰일 수 있으며, 지도자의 예민한 관찰력이 요구되기도 한다.

대처법

교육요청의 경우 불편을 충분히 말할 수 있도록 경청하고, 불편했을 문제에 대해 공감하며 감정을 다스릴 수 있는 시간을 주어야 한다. 도장의 교육에 대해 불평을 하더라도, 잘잘못을 따지기 전에 불편했을 감정과 상황에 대해 충분히 말할 수 있도록 한다. '그런 일이 있었군요.', '불편하셨겠어요.', '속상하셨겠어요.', '앞으로도 그런 부분이 있으면 말해주세요.', '저희가 조금 더 노력해보겠습니다.', '오랫동안 믿고 맡겨주셔서 감사합니다.', '대신 조금 더 신경 쓰도록 하겠습니다.'라는 표현과 함께 향후 교육 가능한 범위나 불편을 해소할 수 있는 범위를 명료하게 말해 주는 것도 좋다.

(1) 도장을 다니면서 나쁜 행동이 생겼어요.

① 도장에 다니면서 나쁜 말을 배워서 왔어요. 오늘 친구들에게 욕을 하더라고요.

< 권장 >

- ○○이가 그랬습니까? ○○이에게 어떤 상황에서 그런 일이 있었을까요? (어떤 이유로 그런 생각을 하게 되었는지 자세히 이야기할 수 있도록 질문하고, 끝까지 들어준다) **(경청)**
- 어머님이 도장에서 나쁜 말을 배워왔다는 생각이 들었으면 많이 속상하시고, 서운하시겠습니다. **(공감)**
- 저희가 **아이들을 바르게 행동하도록 교육은 하고 있지만, 가끔 이런 일도 생깁니다.** 저희가 더 주의를 기울여서 교육했어야 했는데, 어머니가 속상하시도록 해서 죄송합니다. 저희도 교육에 어떤 허점이 있었는지, 확인하고 보강하도록 하겠습니다. 다음에도 이런 일이 있으면 저희에게 말해 주십시오. **(진정성)**

< 비권장 >

- 저희 도장 아이들도 나쁜 말 안 해요. 다른 곳에서 배웠을 거예요. **(반박)**
- 제가 다시는 그러지 않도록 단단히 타이르도록 하겠습니다.
- 아이들이 그럴 수도 있죠. 어머니가 너무 예민하세요.

② 태권도를 수련하면서 더 산만하고 난폭해진 것 같아요. 오늘 제가 얘기하는데 ○○이가 저를 발로 찼어요.

< 권장 >

- 어머니께서 **속상하실 만한 무슨 일이 있었나 봅니다?** (어떤 이유로 그런 생각을 하게 되었는지 자세히 이야기할 수 있도록 질문하고, 끝까지 들어준다) **(경청)**
- ○○이가 그런 행동을 했습니까? 어머니가 화도 나고 당황스러우셨겠습니다. **(공감)**
- ○○이가 도장에서는 성실하고 예의 바른 아이인데, 어머니께 그런 나쁜 행동을 했나 봅니다. ○○이가 아직은 수련 기간이 짧아서 **몸에 운동이 익어가는 기간이라 자기도 모르게 그런 행동이 튀어나와서 후회하고 반성하고 있을 것 같긴 한데**, 저희도 정말 죄송스러운 생각이 듭니다. **(수용)**

② **태권도를 수련하면서 더 산만하고 난폭해진 것 같아요.
오늘 제가 얘기하는데 ○○이가 저를 발로 찼어요.**

< 비권장 >

- 아이가 버릇이 없네요. 제가 혼내서 다시는 그러지 않도록 하겠습니다.
- 도장에서는 잘하는데 집에서는 왜 그럴까요. **(책임회피)**
- 아이들이 커가는 과정에 그럴 수도 있지요. 어머니가 너무 예민하세요. **(무성의한 태도)**

③ **태권도를 너무 못하는 것 같아요. 좀 더 잘하게 해주세요.**

< 권장 >

- 혹시 아이가 **다른 아이들보다 태권도를 못한다고 생각하실만한 일이 있으셨습니까?**
  (어떤 이유로 그런 생각을 하게 되었는지 자세히 이야기할 수 있도록 질문하고, 끝까지 들어준다) **(경청)**
- ○○이가 **태권도 실력이 늘지 않는다는 생각이 들었으면 어머니가 좀 실망스럽고, 안타까우셨겠습니다.** **(공감)**
- 저희가 보기에는 ○○이가 열심히 수련하고 있고, 예전과 비교하면 많이 늘었지만, **집에서는 충분하게 표현하지 못해서 부모님이 그렇게 생각하셨다니 저희도 좀 안타까운 마음이 듭니다.** 저희도 좀 더 잘 지도해서 다음번엔 ○○이가 보다 더 좋은 모습을 보여드리도록 하겠습니다. **(진정성)**

< 비권장 >

- 아이가 원래 운동신경이 없더라고요.
- ○○이 태권도 잘해요. 부모님이 욕심이 과하신 것 같은데요. **(비아냥거리는 태도)**
- 네 알겠습니다. 저희가 더 열심히 가르치겠습니다. **(맹목적인 태도)**

상담원칙

- **경청:** 수련생·부모의 요구, 요청사항과 불만을 말할 수 있도록 말을 끊지 않고 수용하는 태도로 듣는 것이 필요하다.
- **공감:** 상대방의 이야기를 듣고 상대방의 상황과 감정에 대해 그들에 입장에서 이해하는 것을 말한다. 그들의 요구, 요청 불만 사항에 대해 '그렇구나', '그랬을 것 같아요', '힘드셨겠어요' 등으로 표현할 수 있다.
- **수용:** 수련생·부모의 요구, 요청, 문제 사항에 대해 있는 그대로 받아들이고 있음을 표현한다.
- **진정성:** 상대방에게 전달 받은 내용에 대해 가능한 범위에서 해결을 해줄 수 있는 부분에 대해 진실 되게 전달한다.

04. 심사 및 대회

1) 승급심사

- 심사에 관한 상담은 수련생이 운동 실력이 부족하여 느낀 상대적 박탈감, 심사 과정에 대한 이해부족으로 시작되는 경우가 많다. 또한, 심사 결과 외의 심사 준비과정에서 얻게 되는 노력의 과정이나 목표성취 경험의 교육 기능을 이해하지 못했기 때문일 수 있다. 심사 전반에 관한 단순 궁금증에 의한 질문인지 아니면 심사 결과에 대한 불만제기의 의도인지, 합격 요청인지를 구체화하는 것이 중요하다.
- 합격 요청의 의도라면 심사는 작은 성공경험부터 심사 합격이라는 목표를 성취하는 과정을 통해 수련생이 결과보다는 노력의 과정을 중시할 수 있도록 하는 하나의 교육 기능을 내포하고 있다는 것을 안내한다.
- 수련생이 겪고 있는 심리적 부담이나 걱정에 대해 지도자가 함께 극복하겠다는 의지를 표현하여 부모나 수련생이 가지고 있는 심사에 대한 부담을 덜어주는 것이 필요하다.

대처법

승급심사에 대한 상담은 숨어있는 의도(불만)를 파악하기 위한 질문으로 명료화해야 한다. 명료화하는 과정에서 학부모가 어떤 말을 하고 싶은지, 왜 그런 생각을 했는지 충분히 말할 수 있도록 들어주어야 하며, 아이나 학부모가 느꼈을 감정에 대해서 공감을 표현하는 것이 중요하다.

지도자는 도장교육의 중요성만 강조하거나, 심사 과정의 규칙만 강조한다면 도장의 불만이 감정으로 더욱 확대되어 질 수 있다. 따라서, 지도자는 학부모의 불만에 대한 감정을 수용하고, 수련생이 느낀 심사 참여에 대한 두려움과 불안, 부담감을 이해하는 자세가 필요하다.

지도자가 수련생 개개인의 수련목표를 인식하고 심사를 준비하는 과정 안에서 불안해하거나 심사참여를 어려워하는 수련생들에게는 충분히 설명하고 자신감 있게 도전할 수 있도록 긍정적 격려를 해야 한다. 심사참여의 궁금증에 대해서는 심사 전반적인 과정을 안내하는 안내문이나, 합격과 불합격을 반영한 체크리스트를 설명해 주는 것도 좋은 방법이 될 수 있다.

(1) 우리 아이 빨간 띠 그냥 주세요!

① 승급심사를 꼭 봐야 하나요?

< 권장 >

- (아이가 승급심사 참여에 부담을 느끼고 있음을 확인 후) 아! 그렇군요. 아이가 승급심사에 자신 없어 불안해하고 있어 어머니도 많이 걱정되셨겠습니다. **(공감)**
- 어머니 ○○이가 승급심사가 부담스러운가 봅니다. 혹시 아이가 어떤 것 때문에 부담스러운지 이야기 나누어 보셨나요? 승급심사를 준비하면서 그런 이런 경우가 종종 있습니다. **(명료화)**
- 아이들은 가끔 **목표를 지나치게 높게 잡으면 불안(부담)해**하기도 합니다. 저희 도장에서는 심사를 준비할 때 수련생에게 약간의 부담이 될 수 있는 과제를 주고 **자신의 노력을 통해 성공경험을 느낄 수 있도록 성취 욕구를 자극**하려 합니다. 그 과정에서 부담을 느꼈던 것 같습니다. **(정보제공)**

① 승급심사를 꼭 봐야 하나요?

- 아이가 도장에 오면 어떤 것에 부담을 느꼈는지 이야기를 통해 함께 이겨내 보도록 하겠습니다. 어머니도 아이가 자신 있게 심사에 참여할 수 있도록 **가정에서도 '못해도 괜찮으니 한 번 도전해 보자'라고 말해주세요.** 저희도 아이가 끝까지 도전하도록 격려하면서 같이 함께해 보겠습니다. **(진정성)**

< 비권장 >
- 안 보셔도 됩니다. 그러면 승급, 띠가 안 올라가요! **(무성의한 태도)**
- 반드시 참여하여야 합니다. 누구나 하는 것이니까요! **(맹목적인 태도)**
- 참여하셔도 되고 안 하셔도 됩니다. 선택사항이시니 부모님이 결정하시면 됩니다. **(회피하기)**

② 승급심사 내용과 진행은 어떻게 되나요?

< 권장 >
- 어머님(아버님)께서 승급심사에 대해 자세히 알고 싶어 하셨네요. **궁금하셨을 텐데, 질문해 주셔서 감사합니다.**[13] **(공감)**
- 저희 도장에서는 2개월 단위로 교육과정을 운영하고, 한 단위가 끝날 때마다 다음 교육과정으로 올라가는 평가를 하게 되는데 이것을 승급심사라고 부릅니다. 승급심사 규정이랑 교육과정표는 ○○편에 어머니께 보내드리도록 하겠습니다. **(진정성)**
- 저희 **심사는 유급자 단계에서는 태권도 기술 평가, 체력평가, 인성평가** 세 가지 종류로 2일간 진행됩니다. 1일 차는 기술 평가로 품새, 발차기 등의 태권도 기술을 평가하게 되고, 2일 차는 인성평가와 체력평가가 이루어지는데 1일 차와 2일 차 모두 참석하여야 승급 대상이 됩니다. **(정보제공)**
- 저희가 평가할 때의 기준은 현재의 실력평가라기보다는 **이전보다 성장하고 변화했는지에 초점**을 맞추기 때문에 열심히 출석하고, 하고자 하는 의지만 있다면 결과는 크게 걱정하지 않으셔도 됩니다. 심사에 참여할 때는 반드시 공인 도복을 입고 참여해야 하는 규칙도 있습니다. **(직접적 안내)**

---

13) 대한태권도협회 교육과정표 참고 p.82

② 승급심사 내용과 진행은 어떻게 되나요?

< 비권장 >
- 저희가 지난번에 안내(안내문)해 드렸는데, 까먹으셨구나. **(반박)**
- ○○○수련생 편으로 안내해드리겠습니다. **(무성의한 태도)**
- 저희 관장 또는 사범이 안내해드릴 겁니다. **(회피하기)**

---

1. 승급심사 응심을 위한 승급심사 규정

원칙1- 체계적인 심사 규정으로 안정적이고 질서 있는 도장 승급심사문화를 만들어 나가는 데 목표를 둔다.

1) 응심자격
① 출석을 80%이상을 성실히 이수한 수련생에게 응심기회가 부여됩니다.
② 승급심사에 합격하여 1급을 취득한 수련생에 한해 국기원 심사 자격이 부여됩니다.

2) 심사태도
① 정해진 심사시간에 늦지 않게 도착하도록 합니다.
② 심사참여시 공인도복과 띠 복장을 잘 준비하도록 합니다.
③ 자신이 배운 것에 부끄러워하지 않고 자신 있게 시연하도록 합니다.
④ 발표나 기합은 또렷하고, 자신 있게 넣을 수 있도록 합니다.
⑤ 심사대기시 바른 자세로 예의바르게 심사를 참관하도록 합니다.

3) 심사불합격기준
① 불합격의 의미는 승급에 실패하는 것이 아닌 재도전과 심사에 대한 태도와 성실성을 교육하는 것에 목표를 둡니다.
② 출석을 80%이상 채우지 못했을 경우 심사가격이 주어지지 않도록 합니다.
③ 심사시 태도가 불손하였을 경우 심사에 불합격을 할 수 있습니다.
④ 심사당일 도복과 띠가 없을 않을 경우 응심이 되지 않습니다.

② 승급심사 내용과 진행은 어떻게 되나요?

4) 재응심 기준
① 재응심은 자신이 부족한 것을 받아들이고, 부족한 것을 채우려는 노력과 도전에 목표를 둡니다.
② 수업일수 부족으로 심사를 보지 못하는 수련생들은 평일, 주말 보강수업의 기회를 받을 수 있습니다.
③ 실기부족으로 재응심이 되는 수련생은 충분한 연습 후 본인이 스스로 재응심을 도전하도록 합니다.
④ 심사당일 불참하였을 경우 심사에 정해진 날에 재응심을 할 수 있습니다.
⑤ 심사당일 특별한 사유로 불참하게 될 경우 일주일전까지 불참 사유서를 제출하는 수련생에게 재응심의 기회를 부여합니다.

- KTA 교육과정 중 도장행동규범 승급심사규정, 2018 -

③ 갑작스러운 상황(여행)이 잡혀서 승급심사에 참여 못 하는 데 승급 못 하나요?

< 권장 >

- 가족여행 가세요? 좋으시겠네요. 그런데 하필 승급심사 날이면 ○○이도 걱정이 많겠는데요! 요즘 ○○이가 운동에 재미 붙여서 의욕이 대단한데. **(공감)**
- 저의 심사규정에 따르면 심사에 참석하지 못하면 승급할 수 없는 건 맞습니다. 그런데 이럴 때를 **대비해서 예외규정이 있어서** 가족여행이나 특별한 일이 있는 경우 심사 일주일 전까지 여행계획서나 의사소견서 같은 사유서를 내면 **특별 심사를 볼 수 있습니다. (정보제공)**
- 그런데 내일이 심사인데 어머니가 너무 늦게 연락을 주셨네요. **○○이가 참 열심히 하는 친구라** 기회를 줄 다른 방법이 있는지 저희 지도진하고 의견 나눠보고 연락드리겠습니다. **(직접적 안내)**
- 지도진 논의 결과 사범님 추천 특별 심사로 이번에는 승급심사를 진행하기로 하였습니다. 다음에는 **심사참여가 어려울 때는 일주일 전에 꼭 계획서나 사유서를 꼭 보내주시면 감사하겠습니다. (진정성)**

③ 갑작스러운 상황(여행)이 잡혀서 승급심사에 참여 못 하는 데 승급 못 하나요?

< 비권장 >
- 도장의 규칙입니다. 다음 심사에 참여해야 합니다. **(맹목적인 태도)**
- 너무 연락을 늦게 주셔서 안 될 것 같습니다. **(일방적 거절)**
- 저희가 생각해 보고 연락드리겠습니다. **(회피하기)**

④ 기죽지 않게 그냥 띠(급) 올려주세요.

< 권장 >
- ○○가 **띠를 못 따면 실망해서 기죽을까 봐 안쓰럽고 걱정**되시는 거죠? 어머니 입장에서는 충분히 걱정되실 것 같아요. **(공감)**
- (학부모의 이야기를 경청 후) 저희도 ○○이를 생각하면 그냥 올려주고, 기분 좋아하는 모습 보고 싶기도 해요. 그렇지만 저희는 ○○이가 좀 고생스럽더라도 **자신의 노력으로 띠를 따고 뿌듯해 할 수 있는 기회**를 주고 싶어서 좀 더 기다리는 중입니다. 아마 이번 기회가 ○○에게 좋은 배움의 기회를 될 것입니다. **(정보제공)**

< 권장2 >
- 어머니께서도 ○○이가 힘내서 이 **과정을 자신의 노력으로 이겨낼 수 있도록 좀 더 격려해주면 멋지게 해낼 거라 믿습니다. (안심시키기)**
- 저희도 어머니 마음을 더 잘 이해하게 됐으니 ○○이랑 같이 좀 더 노력해 보겠습니다. **(진정성)**

< 비권장 >
- 이번엔 합격시키겠습니다. **(맹목적인 태도)**
- 심사를 앞두면 다 불안하고 부담을 느껴요. **(무성의한 태도)**

> **상담원칙**
>
> - **안심시키기:** 학부모나 수련생이 부정적인 결과에 연연하지 않을 수 있도록 긍정적인 면을 부각하여 걱정을 줄여준다.
> - **정보제공:** 심사 뿐 아니라 아이의 긍정적 성장에 도움이 될 수 있는 부분에 대해서 정보를 제공하고, 추후 다시 도전할 수 있도록 유도한다.
> - **반영:** 심사 불합격과 관련된 학부모의 요구는 단순한 합/불에 대한 불만이 아닐 수도 있음을 명심하고, 지도진의 노력을 강조한다.

2) 승품·단 심사

- 승품·단 심사는 많은 노력과 비용이 드는 과정이다. 학부모의 입장에서는 투자한 노력과 비용에 상응하는 만족감이나 결과가 필요하므로 당연한 합격과 서비스를 요구할 수도 있다.
- 부모에게 승품·단 심사의 과정을 전달한다. 수련생이 심사 준비 과정에서 얻을 수 있는 내적인 성취감이나 성공경험을 안내한다. 또한, 추후 승품·단 취득은 유품·단자로서의 신분상승, 단증의 활용 등과 같은 내용을 설명한다.
- 승품·단 심사는 통과의례가 아닌 평가결과이다. 심사탈락이 부모나 수련생에게는 도전의 좌절과도 같은 승품·단 심사의 결과가 큰 실패로 인식될 수 있다. 이러한 점에 대해 지도자가 부모, 수련생의 입장에서 이해하고 실패가 아니라는 메시지를 전달하는 것이 필요하다.

대처법

승품·단 심사에 대한 상담할 때에는 우선 부모의 의견을 충분히 들어주며, 부모가 느꼈을 감정에 대해 공감한다.

승품·단 심사는 승급심사보다 평가 기준이 높아 수련생이 어렵게 느낄 수 있다. 지도자는 승품·단 준비 기간에 수련생에게는 반복 수련을 통해 성공경험을 느끼게 해주며, 도전과 노력을 통해 곧 성취(합격)할 수 있다는 자신감을 가질 수 있도록 지도한다. 학부모에게 합격과 불합격에 대한 심사 점검표나 심사 평가표를 미리 안내하며, 승품단증 취득의 장점과 활용도에 관해 설명한다.

수련생 개개인의 차이(긴장, 불안, 걱정, 컨디션 저하 등)로 인해 불합격한 경우, 미리 안내한 내용(심사 점검표, 심사 평가표)을 통해 추후 불합격에 대한 정확한 정보를 제공한다. 승품·단 심사에 참여하지 못하는 부분에 대해서는 수련생의 기초적 자료와 그동안 수련한 과정(자세한 설명)을 통해서 도전할 수 있다는 정보를 설명한다. 추후 정확한 날짜 및 시간을 안내할 수 있도록 한다.

(1) 돈 내면 다 합격하는 거 아닌가요?

① 승품·단 심사 언제 가나요?

< 권장 >
- 그 점에 대해 궁금하셨군요. ○○이의 경우 승품·단 심사까지는 아직 많이 남아 있는데 언제쯤 가는지 미리 알고 싶으시군요! **(명료화)**
- **2주 동안 평가 과정 기간이 있어 확인이 필요한데 어쩌죠?** 승품·단 심사 점검표(평가표)를 통해 결과가 확인되면 안내해 드리도록 하겠습니다. **(반영)**
- 승품·단 심사 응심은 연령과 수련수준 및 기간, 개인마다 수련 진도, 신체능력, 인지능력에 따라 시점이 조금씩 다릅니다. **(정보제공)**
- 승품·단 심사는 빨리 가는 것보단 천천히 실력을 다져서 응시하는 것이 교육적인 효과가 높습니다. **(바꾸어 말하기)**
- 저희 지도진도 우리 ○○가 승품·단 심사를 **자신감 있게 도전하고 성취할 수 있도록 지도하겠습니다. (진정성, 가벼운 격려)**

< 비권장 >
- 승품·단 볼 수 있는 실력이 되면 보내겠습니다. **(상투적인 어투)**
- 좀 이른 것 같은데요. **(반박하기)**
- 네! 다음에 보내겠습니다. **(맹목적인 태도)**

② 승품·단 심사비도 비싼데 꼭 봐야 하나요?

< 권장 >
- 어머니께서 승품·단 심사비 때문에 심사를 봐야 하는지 **고민이 되셨나 봅니다. (공감)**
- 우리 ○○이에게 승품·단 심사는 혼자의 힘으로 부담감, 긴장, 두려움을 이겨내고 자신감과 노력을 통해 **홀로 성취하는 수련과정의 결실입니다. (정보제공)**
- 승품·단 심사를 도전하기 전과 도전하고 난 후에 수련생의 태도와 자신감에서 많은 차이가 나타납니다. 도전을 경험한 후에는 어렵고 힘들다고 포기하는 것이 아니라, **노력하면 성취할 수 있다는 용기를 배울 수 있습니다. (정보제공, 안심시키기)**
- 승품·단 심사 준비과정을 통해 분명 성장해나갈 것입니다. 저희 지도진도 우리 ○○이에게 **심사에 필요한 준비과정들을 하나하나 알려주고,** 성심껏 지도하도록 하겠습니다. **(진정성)**

② 승품·단 심사비도 비싼데 꼭 봐야 하나요?

< 비권장 >
- 꼭 이번 시기(기간)에 보셔야 합니다. **(맹목적인 태도)**
- 누구나 다 하는 겁니다. **(상투적인 어투)**
- 왜 그렇게 생각하시죠? **(반박하기)**

③ 승품·단 심사비가 왜 이렇게 비싼가요?

< 권장 >
- 승품·단 심사비가 비싸고 부담스럽기는 하죠? 다른 학부모님들께서도 심사비의 제반 사항들이 궁금하셔서 물어보시는 경우가 있습니다. **(공감)**
- 심사 소요 경비에는 자녀들의 승품·단 심사에 필요한 접수비(구 협회, 시도협회, 대한태권도협회 및 국기원), 띠, 단증 케이스, 특별수련 등 승단 심사 시 필요한 제반 사항과 아이들의 승품·단 심사 연습 중 받게 되는 혜택의 비용이 모두 포함되어있습니다. **(정보제공)**[14]
- 심사 보는 과정에서 생기는 일들이 아이에게 큰 도움을 줍니다. 긴장 극복해 보는 경험, 노력을 통해 최선을 다해보는 경험 등을 느끼고 경험하게 됩니다. 대부분 아이가 이 비용을 내고 도전합니다. **(일반화)**
- 이 비용이 아깝지 않도록 저희가 심사를 준비하는 과정에서 더 많은 노력을 기울이겠습니다. **(진정성)**

< 비권장 >
- 이 동네 태권도장들은 다 똑같습니다. 그리고 이것저것 하려면 이 정도는 받아야 합니다. **(둘러대기)**
- 저희 ○○태권도장 오히려 심사비가 더 저렴합니다. **(반박)**
- 그럴 리가 없을 텐데요. **(넘겨짚기)**

---

14) 특히 심사비와 관련한 정보제공은 학부모·수련생이 충분히 이해할 수 있도록 심사에 필요한 접수비(수임단체: 구 협회, 시도협회, 대한태권도협회 및 국기원)에 대한 정확한 정보를 전달해주는 것이 필요하다.

④ 승품·단 심사에 떨어졌어요!

< 권장1 >
- (결과 확인 후 학부모에게 안내할 때) ○○이의 승품·단 심사 결과가 오늘 나왔는데 실기에서 탈락했네요. 저희도 깜짝 놀랐어요. 어머니도 속상하셨죠? **(명료화)**

< 권장2 >
- 연습할 때는 잘해낼 수 있을 것 같았는데, ○○이가 긴장을 극복하기 어려웠나 봅니다. **(공감)**
- 품새를 하는 중에 실수했는데 당황했는지 끝까지 진행하지 못했습니다. ○○가 상처받지 않고 다음에 다시 도전할 수 있도록 저희가 상담을 통해 격려하도록 하겠습니다. **(직접적 안내)**
- 승품·단 심사에서 미흡했던 부분에 대해 ○○가 다시 점검하고 스스로 도전하여 성취할 수 있도록 저희가 더 신경 쓰고 지도하도록 하겠습니다. **(진정성)**

< 비권장 >
- 다음에 또 보면 됩니다. **(무성의한 태도)**
- 심사위원이 잘못 본 것 같아요. **(둘러대기, 핑계)**
- 왜 떨어졌지? 충분히 잘했는데, 틀린 부분이 없었는데, 이상하네요. **(넘겨짚기)**

⑤ 우리 아이가 승품·단 심사를 두려워하고 있는 것 같아요.

< 권장 >
- 혹시 어떤 부분 때문에 승품·단 심사가 두려운 것인지 얘기해보셨어요? 도장에서는 그런 내색하지 않고 열심히 하고 있었는데 어머니한테 그런 얘기를 했다니 아이하고 대화를 많이 하셨나 보네요. **(명료화)**
- 승품·단 심사라는 큰 행사를 앞두고는 두려움이나 불안을 느끼기도 합니다. 저희가 아이랑 상담을 통해 어떤 부분이 두려운지 이야기를 하고 극복할 수 있도록 지도해보겠습니다.

⑤ 우리 아이가 승품·단 심사를 두려워하고 있는 것 같아요.

- 승품·단 심사를 통해 이들이 이런 두려움과 불안을 극복하는 경험할 수 있도록 하는 것도 중요한 교육 목적 중 하나입니다. 저희 도장에서 시행하는 승품·단 심사 **점검표(평가표)를 통해 반복 수련을 하면 충분히 도전하고 성취할 수 있을 겁니다. (직접적 안내)**
- 저희가 아이와 함께 이야기를 나누고 수련하면서 ○○이가 두려움을 극복하고, 한 단계 성장할 수 있도록 돕겠습니다. 어머니, ○○이의 감정에 대해 자세하게 알려주셔서 감사합니다. **(진정성)**

< 비권장 >
- 그럼 어떡하죠? 다음에 도전할까요? **(떠넘기기)**
- (상투적인 어투로) 누구나 다 하는 겁니다. 괜찮다고 말해주세요. **(맹목적인 태도)**
- 저희가 반드시 합격할 수 있도록 하겠습니다. 걱정하지 마세요. **(맹목적인 태도)**

상담원칙

- **명료화:** 심사와 관련된 수련생·부모의 의도에 대해 파악하고 내용을 정리하여 전달한다.
- **진정성:** 수련생·부모에게 표면적인 표현보다 그들이 야기하는 문제나 상황에 대해 진심으로 공감한다.
- **정보제공:** 부모·수련생이 궁금해 하거나 질문의 시점에서 지도자가 부모·수련생에게 필요하다고 생각하는 정보를 제공한다.
- **직접적 안내:** 부모·수련생에게 전문가 입장에서 추가적으로 필요하다고 생각하는 미흡했던 부분에 대해 직접적으로 권장한다.

3) 대회출전

- 부모는 대회참여와 관련하여 대회참여의 목적과 필요성, 대회의 전반적인 내용에 대해 궁금해할 수 있다. 또한, 대회참여에 대해 망설이는 이유로는 부상에 대한 염려와 대회준비 과정의 힘듦, 추후 좋지 않은 대회 결과에 대한 걱정 등이 있다. 주로 대회출전을 처음 접하는 수련생, 부모일 때 상담을 요청하는 경우가 많다.
- 수련생과 부모의 걱정에 대해 지도자는 대회를 준비하는 과정에 일어날 수 있는 일들과 대처 방안을 사전에 안내하고 이해시킨다. 또한, 대회참여를 통해 수련생이 내·외적으로 얻을 수 있는 교육적인 효과를 부모에게 설명하는 것이 필요하다.

대처법

대회출전에 관한 상담은 어떤 부분에서 걱정하고 있는지 혹은 어떤 부분에 대해 궁금증에 생긴 것인지 부모의 이야기를 충분히 경청해야 한다. 경청 후에는 수련생이나 부모가 느꼈을 감정이나 걱정, 궁금증에 대해 공감을 표현하는 것이 중요하다.

학부모에게 대회출전이라는 것은 승패와 결과에 상관없이 그동안 배워왔던 수련내용을 토대로 태권도에 다양한 기술들을 적용하는 단계로 수준 높은 학습경험(성취경험)과 교육적 효과가 있음을 알려준다. 대회참여에 대한 걱정과 불안에 대해서는 지도자가 함께 해결하겠다는 의지를 표현하고, 대회참여에 대한 부담감을 덜어주어야 한다.

지도자는 대회를 준비하는 과정 중에 단순히 승패(결과)를 결정짓기 위해 기능적인 부분만 강조하지 말아야 한다. 대회참여는 태권도 교육의 한 부분으로 학부모와 지도자가 함께 교육적 목표를 가지고 수련생에게 자신감, 도전, 성취감, 집중력, 용기, 긍정적 귀인, 소속감 등 다양한 긍정적 심리자본을 경험하게 된다는 것을 설명한다.

(1) 대회출전 꼭 필요한가요?

① 대회 출전을 시키고 싶지 않아요.

< 권장 >

- 어머니가 고민이 되셨겠네요. 혹시 그러한 생각을 하게 된 계기가 있으신가요? **(공감, 명료화)**
- (학부모의 이야기를 경청 후) 지도진이 대회를 출전시키는 이유는 대회를 준비하고 출전하는 과정에서 교육적 효과가 많이 있기 때문입니다. 불안이나 긴장을 극복하는 경험, 실력향상의 경험, 열정을 발휘해 보는 경험, 목표를 두고 노력해 보는 경험을 주기 위함입니다. **(경청, 정보제공)**
- 많은 부모님이 대회출전을 앞두고는 지금 어머니와 같은 고민을 하십니다. 대회출전이라는 것은 도장교육처럼 항상 열려있는 교육이 아닙니다. **아주 특별한 경험입니다.** 준비하는 과정 안에서 아이가 힘들어 포기하고 싶은 마음이 들 수 있습니다. 그런데 그럴 때 어머니와 지도진이 격려를 통해 도전하게 해보면 그 속에서 얻는 것들이 참 많을 거로 생각합니다. **(정보제공)**
- 이 과정을 통해 ○○이가 **성장할 수 있도록 어머니께서 기회를 제공해 주는 건 어떨까요?** 대회를 준비하는 과정을 통해 우리 ○○이가 분명 성장할 거라고 기대합니다. (진정성)

① 대회 출전을 시키고 싶지 않아요.

- 어머님이 생각하시기에 **혹여 다치지 않을까 염려되거나, 우리 ○○이가 힘들어하는 모습에 안타까울 수 있을 겁니다. (진정성)**
- (격려하는 목소리와 제스쳐) 대회 출전을 통해 좋은 교육이 제공될 수 있도록 어머니가 저희를 믿고 출전할 수 있도록 도와주시면, 대회 과정 안에서 많은 것을 얻을 수 있도록 지도하겠습니다. **(진정성)**

< 비권장 >

- 저희 태권도장의 기대주입니다. 시합에 꼭 참가해야 합니다. **(맹목적인 태도)**
- 그럼! 그렇게 하세요. **(무성의한 태도)**
- 이런 좋은 경험 흔치 않습니다. **(맹목적인 태도)**

② 아이가 대회출전을 하고 싶어 하지 않아요.

< 권장 >

- 아이가 대회를 출전하고 싶지 않은 이유에 대해 들어보셨나요? **(명료화)**
- (어려운 과제에 도전하지 않는 상황을 확인 후) 아이들이 결과중심(부정적 생각)으로 생각하다 보면 실패에 대한 두려움이 커지게 됩니다. ○○이도 대회를 준비하는 이유와 과정에서 실력을 키우기 위한 목적이 더 클 것입니다. **(공감)**
- 아이가 일반적으로 대회를 출전하는 것은 결코 쉬운 결정은 아닙니다. 그렇지만 저희가 생각할 때 아이가 대회를 출전해 보면 지금보다 훨씬 나은 실력도 갖추겠지만, 어려운 과제에 도전하는 것이 그렇게 힘들기만 하지 않다는 걸 알게 될 겁니다. **(정보제공)**
- ○○이가 자신 있게 도전할 수 있도록 저희가 상담을 통해 좋은 선택을 할 수 있도록 지도해보겠습니다. **(진정성)**

< 비권장 >

- 그럼! 그렇게 하세요. **(무성의한 태도)**
- 이런 좋은 경험 흔치 않습니다. **(맹목적인 태도)**

③ 대회훈련을 너무 힘들어해서 포기하려고 해요.

< 권장 >
- 아이가 대회를 출전하고 싶지 않은 이유에 관해 얘기하던가요? **(명료화)**
- (체력적으로 힘든 상황을 확인 후) 아, 그렇군요! 도장에서 수련할 때는 그런 내색하지 않고, 활기차게 이겨내고 있다고 생각했는데 힘들어도 표현을 안 했나 보네요. **(공감)**
- 어머니께 응석을 한번 부리고 싶었나 보네요. 아이들은 가끔 부모님께 힘들어서 '안 하고 싶어' 말하기도 합니다. 그럴 때 어머니께서 '힘들었는데 끝까지 참아내고 최선을 다했구나, 우리 ○○ 멋쟁이'라고 말해주세요. **(정보제공)**
- 그러나 제가 볼 땐 잘 이겨내고 있습니다. 아이가 힘들다고 하면 저희한테 살짝 알려주세요. 그러면 아이의 컨디션을 살피면서 수련을 조절하도록 하겠습니다. **(진성성)**

< 비권장 >
- 그럼 다음에 대회에 참가할까요? **(회피하기)**
- 조금만 참고 견디면 됩니다. **(상투적인 어투)**
- 제가 보기에는 그렇지 않은데요? **(반박)**

④ 대회에서 아이가 금메달을 못 따서 너무 실망하고 있어요.

< 권장 >
- 아이가 기대가 컸는데 생각한 대로 되지 않아서 크게 실망했을 거라 생각됩니다. **(공감)**
- 그런데 저희가 걱정하는 건 아이가 노력이나 준비가 부족해서 금메달을 못 땄다고 생각하는 것이 아니라, 자존감까지 떨어질까 봐 걱정입니다. **(공감)**
- 어머니께서 '**○○가 대회를 준비하는 동안에 최선을 다했고, ○○가 갖춘 실력을 충분히 발휘했다는 것만으로도 충분히 금메달감이라고 생각한다**'라고 말씀해 주세요. **(정보제공)**
- ○○이가 금메달을 못 따서 실망하고 있지만, 분명 한 뼘 성장하는 시간이었을 겁니다. 도장에 오면 우리 ○○이랑 이야기 나눠보고, 격려하도록 하겠습니다. 어머니 너무 걱정하시지 마세요. 대회 출전에 대해서는 **어머니가 현명하게 판단하셨습니다.** **(진정성)**

④ 대회에서 아이가 금메달을 못 따서 너무 실망하고 있어요.

- 어머니하고 지도진이 이런 방법으로 아이가 실망에서 빨리 벗어날 수 있도록 도와주면 좋겠습니다. 저희도 도장에서 그렇게 하겠습니다. **(진정성)**

< 비권장 >
- 다음엔 반드시 금메달 딸 수 있을 겁니다. **(둘러대기)**
- 이번에 운이 좋지 않아서 그런 거예요. **(핑계)**
- 항상 잘할 수 있겠습니까? **(반박)**

⑤ 개별용품을 꼭 구매해야 하나요?

< 권장 >
- 개인장비는 2품 이상이 되면 필요하게 됩니다. 저희 도장에서는 유급자와 1품 과정에서는 기초과정을 반복하여 수련하는 과정이기에 개인 물품이 쓰이지 않지만, 2품부터는 전문 과정으로서 개인장비가 필요하게 된답니다. **(정보제공)**
- 겨루기의 경우 수련 중 보호 장비들을 착용하게 되는데 운동량에 따라 많은 땀을 흘리며 수련을 하게 됩니다. **(직접적 안내)**
- 만약 아이들이 서로 장비를 번갈아 쓴다면 다른 아이들의 땀이 젖어있는 장비를 써야 하고, 질병에도 노출되기에 청결과 안전의 문제로 개인장비를 쓰는 것을 추천합니다. **(직접적 안내)**

< 비권장 >
- 누구나 이 시기가 되면 구매합니다. **(반박)**
- 다른 수련생들은 구매하며 사용하는데, 혼자 구매하지 못한다면 불편을 겪을 수 있을 것 같은데요. **(맹목적인 태도)**

상담원칙

- **직접적 안내:** 정확한 문제 해결을 위해 수련생·부모에게 필요한 정보에 대해 명확히 안내한다.
- **경청:** 대회와 관련해 부모의 걱정거리에 대해 진심으로 공감하는 자세를 보인다.
- **진정성:** 대회 참가에 무조건적인 목적을 두는 것이 아니라 상황에 대해 이해하고 문제를 해결해주기 위한 진심을 표현한다.

05. 구성원 간의 갈등과 수련생 부상

1) 수련생 간의 갈등 상황

- 도장에서 수련생 혹은 부모 간의 감정적인 대립이나, 분쟁이 발생하게 된다. 대부분의 경우는 쌍방 간의 감정대립으로 시작하지만, 일방적인 폭력으로 인식되기도 하고, 아이보다 부모의 감정을 앞세워서 문제가 확대되기도 한다. 사소한 다툼이 시간을 두고 확대되어 도장에 심각한 영향을 초래하기도 한다.
- 특히 상대편이 있는 다툼은 잘잘못을 떠나, 상담하는 지도자의 어휘나, 어투에 예민하게 반응하여 한쪽 편을 드는 것으로 인식되어 상황이 나빠지는 경우도 빈번하다.

대처법

상대방이 있는 다툼의 경우 불편한 감정이 해소될 때까지, 하고 싶은 말을 충분히 들어주고 감정에 대한 공감을 표현하는 것이 중요하다. 상대편의 상황을 대변하려 하거나 잘잘못을 따져주려고 한다면 감정을 자극하게 되어 상황이 더 악화할 수 있다. 감정이 해소되어야 상황을 이성적으로 볼 수 있고 객관적으로 인식할 수 있다. 지도자는 누구의 편도 아니며, 감정을 수용하고, 진심으로 양쪽 모두에 대해 염려하고 있음을 표현하여야 한다. 또한, 상대 수련생에 대한 일방적인 분리 등 무리한 요구의 경우, 잘 듣고 즉답을 피하고 감정이 해소되어 대화가 가능할 때 다시 대화를 시도하여야 한다.

(1) 도장에서 무슨 일이 있었나요?

① 도장 친구가 우리 OO이를 자꾸 귀찮게 하고 괴롭힌다고 하네요.

< 권장 >

- 아이가 어머니께 친구 때문에 힘들다고 말했다는 거네요. 어머니 걱정이 되겠네요. ○○이가 어떤 말을 했는지 저에게 자세히 말해 주시면 제가 상황을 알아보고, 해결방법을 찾아보겠습니다. **(경청, 공감)**
- 그렇게 말했군요. ○○이가 그 친구 때문에 그런 생각이 들었다면 많이 억울하기도 하고 속상했을 거라는 생각이 드네요. 어머니도 속상하셨겠습니다. **(수용)**
- 제가 무슨 일이 있었는지 그 친구에게도 확인하고, 그런 일이 반복되지 않도록 둘이 같이 데리고 이야기 나눠보겠습니다. 이번 일로 **두 아이가 상대방에 대해 더 잘 이해하게 되는 기회가 될 수 있도록 잘 마무리**하겠습니다. 다음에라도 혹시 또 이런 말을 하면 망설이지 마시고 저희에게 알려주세요. **(진정성)**

< 비권장 >

- 그 아이가 그럴 아이가 아닌데 괴롭힌 건 아닐 거예요. **(주관적 정보전달)**
- ○○이가 먼저 장난을 걸었어요. **(둘러대기)**
- 제가 다시는 괴롭히지 않도록 혼내주겠습니다. **(오류)**

② 다른 친구가 먼저 괴롭혔다고 하는데 왜 우리 아이만 혼내시는 거죠?

< 권장 >

- 아이가 **사범님께 자기만 혼난다고 억울해했다는 거네요!** 그럼 어머니께서 매우 속상하셨겠습니다. (공감)
- 혹시 아이가 어떤 상황에서 그렇다고 하는지 자세히 들어 보셨어요? 어머니가 들으신 걸 저희에게 말씀해 주시면 **제가 상황을 확인해보고 아이의 감정이 해결될 수 있는 좋은 방법을 찾아보겠습니다. (경청)**
- 사범님의 의도가 어찌 되었건 간에 아이가 자기만 혼난다는 생각이 들었다면 사범님께 서운해서 상처받고 속상해했겠습니다. **(수용)**

② 다른 친구가 먼저 괴롭혔다고 하는데 왜 우리 아이만 혼내시는 거죠?

- 저희는 **아이들과 이야기 나눌 때 한쪽으로 치우치지 않으려고 노력하는데 가끔은 생각대로 되지 않을 때도 있어요.** 저희가 아이 데리고 어떤 것에 그런 느낌을 받게 되었는지 확인하고 오해가 없도록 잘 정리하겠습니다. 앞으로도 이런 일이 있다면 언제든지 저희에게 얘기해 주십시오. **(진정성)**

< 비권장 >

- 사범님이 ○○이만 혼내지는 않았을 텐데 사범님께 확인해보고 연락드리겠습니다. **(상황해결 부족)**
- 사범님은 ○○이를 혼내지 않았다고 합니다. **(무성의한 태도)**
- 사범님이 예뻐서 그랬을 텐데 ○○이가 오해했나 보네요. **(핑계)**

③ 도장 수련생에게 맞고 왔어요.

< 권장 >

- 아이가 맞고 왔어요? 많이 다치진 않았나요? **어머니께서 깜짝 놀라셨겠네요. 지금 아이는 괜찮습니까? (반영, 공감)**
- 아이들에게 무슨 일이 생겨서 때리기까지 했을까요? **아이가 얘기는 하던가요?**[15] **(경청)**
- 저희가 아이들을 불러서 상담해보고, 무슨 일이 있었는지 자세하게 확인하도록 하겠습니다. 잘못한 일에 대해서 사과하고 다시 그런 일이 생기지 않도록 저희가 잘 지도하도록 하겠습니다. 도장과 관련된 **아이들과 이런 일이 생겨서 저도 속상하고 송구스럽게 생각합니다.** 앞으로도 이런 일이 생기면 언제든지 저희에게 얘기해주십시오. **(진정성)**

< 비권장 >

- 그래요! 제가 불러서 혼내주고 사과시키도록 하겠습니다. **(맹목적인 태도)**
- ○○이가 먼저 건드려서 싸움이 나기도 해요. **(일방적 판단)**
- 정말 죄송합니다. 제가 잘 관리하겠습니다. **(무조건적인 수용)**

---

15) 무슨 일이 있었는지 아이가 말하는 대로 듣고 수용한다.

④ ○○이를 너무 싫어해요. 다른 반으로 보내주세요.

< 권장 >

- 아이가 ○○이를 싫어하는데 같은 반이 되어서 **걱정**하고 계신 것 같습니다. 아이들도 가끔 자기하고 성격이 맞지 않는 친구들이 있더라고요. 걱정하시는 어머니 마음 이해가 됩니다. **(반영, 공감)**
- 혹시 **아이가 ○○이의 어떤 점 때문에 싫어하는지 얘기 들어 보신 적 있으십니까?**[16] **(명료화)**
- 둘 사이에 그런 문제가 있었군요. **아이 입장에서는 불편하고 힘들어 할 수도** 있었겠습니다. **(경청, 공감)**
- 그런데 어머니, **아이들은 서로 다른 성향의 아이들이 섞여서 지낼 경우가 많은데, 맞지 않은 아이를 만날 때마다 반을 바꾸거나, 상대하지 않는 것도 아이의 성장을 위해서는 좋은 방법이 아닌 것 같은 생각**이 듭니다. **(직접적 안내)**
- 어머니가 저희에게 기회를 한번 주시면 저희가 상담을 통해서 **이번에 관계를 잘 회복하고 성향이 다른 사람에게 적응하고 대응하는 방법을 배울 수 있는 기회로 삼아** 보고 싶은데 어떠십니까? 저희가 이런 사례를 가끔 보는데, 시간이 지나서 친해지고 나면 아무 일 없이 잘 지내는 경우도 많이 있습니다. **(정보제공)**
- 믿어주셔서 감사합니다. **저희가 상담하고 지켜보면서 두 아이가 잘 적응할 수 있도록 노력**하겠습니다. 혹시 아이들이 중간에 다시 불편해질 수 있어요. 그렇다는 생각이 들면 다시 한 번 더 도장으로 연락 부탁드립니다. **(진정성)**

< 비권장 >

- 그렇게 하기는 어렵습니다. **(통보하기)**
- 알겠습니다. ○○이와 분리하여 다른 반으로 보내도록 하겠습니다. 어떤 반으로 옮기시길 원하십니까? **(무조건적인 수용, 상황해결 부족)**

---

16) 해당 수련생과 사이가 좋지 않은 수련생이 어떤 것 때문에 좋지 않은 지 충분히 들어주고 수용한다. 다툼의 상황에서는 두 수련생의 사이가 어떤 것 때문에 좋지 않은 지 충분히 경청하고 공감하여 속상했을 수련생과 부모의 마음을 있는 그대로 받아들인다.

상담원칙

- **공감:** 다툼이 일어난 부모의 좋지 않은 마음을 공유한다.
- **경청:** 어떠한 부분에서 부정적인 감정이 생겼는지에 대해 부모의 이야기에 귀를 기울인다.
- **수용:** 지도자는 부모의 입장에서 자신의 잘못이 있을 수도 있음을 인정하거나 상대방의 입장이 되어 불만사항을 제기할 수 있음을 인정한다.
- **진정성:** 문제가 발생한 상항에 대해 추후 이를 예방하겠다는 충분한 의지를 표현한다.

2) 부상에 관한 안내

- 부상 당한 아이의 부모는 부상의 원인이 어떤 것이냐 혹은 어떤 부상을 입었느냐보다는 아이를 관리하는데 부족했던 것 아닌가에 대한 서운함이 더 중요할 수 있다. 원인의 경우 부상자 자신이 아닌 다른 원인일수록 더 예민하다. 사소한 부상에도 부모님들은 예민하게 받아들일 수 있다.
- 부상의 범위는 신체에 직접적인 상처가 나거나, 멍이 드는 등의 부상도 이에 속하지만 빨개졌다가 없어졌어도 관련자의 감정적인 흐름(마음의 상처)이 남아서 부상으로 인식될 수 있다.

대처법

태권도장에서 이유를 불문하고 수련생이 다쳤을 경우에는 도장에 직접적 혹은 도의적인 책임이 있다. 부상에 관한 안내의 경우 상대방이 불쾌하지 않도록 성실하게 안내하고, 상대방의 반응이나 의사를 존중해야 한다. 병원에서의 치료가 필요하거나 가정에서 관리가 필요할 경우 상세하게 안내하여 불편이 없도록 해야 한다.

부상 후 수련생이 집에 도착하기 전에 사전에 안내하고, 부상에 상응하는 적절한 조치를 취하여야 한다. 상처가 있을 경우, 연고를 사서 보내거나, 멍이 들거나 부어오를 경우 얼음 팩을 보내는 등 노력을 기울인다. 불편을 호소하거나, 책망을 하더라도 무조건 존중하고 수용하며 책임을 다하는 모습을 보여주기를 권장한다.

(1) 도장에서 다쳤어요.

● **① 도장에서 달리기하다가 넘어졌는데 발가락에 멍이 들었어요.** ●

< 권장 >
- ○○이가 오늘 수련시간에 달리기하다가 넘어졌는데, 발가락이 아프다고 해서 봤더니 멍이 들었습니다. **(정보제공)**
- 저희가 **조금 더 주의를 기울여서 수련**해야 했는데 부족했나 봅니다. **(진정성)**
- 우선 **얼음 팩으로 찜질해서 부기가 생기지 않도록 조치**를 했습니다. 멍이 들면 지금보다 아침에 일어났을 때 조금 더 아파할 수도 있습니다. **(정보제공)**
- 잠들기 전에 얼음찜질을 조금 더 해주시면 내일 좀 더 가벼울 것입니다. 저희가 살펴볼 때는 뼈는 이상이 없어 보이는데, **내일까지 경과 한번 살펴보고, 안 좋으면 병원**에 가보도록 하겠습니다. 경과를 살펴보시고, 결과를 도장에 알려주시면 감사하겠습니다. **(정보제공, 안심시키기)**

< 비권장 >
- 좀 다쳤는데 괜찮아요. **(무성의한 태도)**
- 자기 혼자 까불다가 다쳤어요. **(책임회피)**
- 시간이 지나면 나을 거니까 별것 아니에요. **(무책임한 태도)**
- 애들은 다치면서 커요. **(무책임한 태도)**

② 탈의실 문에 손가락이 끼어서 상처가 났어요.

< 권장 >

- ○○이가 오늘 도장에서 손가락에 상처가 났어요. 탈의실에 옷 갈아입으러 들어가려고 문 앞에서 문틀을 잡고 있었나 봅니다. 문이 닫혀서 손가락이 끼었습니다. **많이 아팠을 텐데, 아이 말로는 괜찮다고 합니다.** 부모님이 한 번 더 살펴봐 주시기 바랍니다. (안심시키기, 정보제공)
- 연고 바르고 약을 하나 챙겨서 보내드렸습니다. 덧나지 않도록 연고 바르고 밴드 붙여서 **관리해야 할 텐데 불편해서 어떻게 하죠? (공감)**
- 저희가 관리를 더 **세심하게 관리했어야 하는 데 불편을 끼쳐 죄송**합니다. (진정성)

③ 휴게실에서 장난치다 얼굴에 상처가 났어요.

< 권장 >

- ○○이가 오늘 도장 휴게실에서 친구들이랑 같이 있다가 얼굴에 상처가 났어요. **예쁜 얼굴에 상처가 나서 제가 보기에도 속상**합니다. 저희가 좀 더 안전하게 관리했어야 하는데, 어머니 속 많이 상하실 것 같아서 더 죄송한 마음입니다. 제가 직접 보지는 못했지만, 아이들 말로는 다투거나 한 건 아니고 놀다가 그랬다고 합니다. **(정보제공, 안심시키기)**
- 연고 바르고 약을 하나 챙겨서 보내드렸습니다. 덧나지 않도록 **연고 발라주고 관리해야 할 텐데 어머니 불편**하게 해드려 어떻게 하죠? (진정성, 공감)

④ 도장에서 친구랑 다투다가 얼굴에 상처가 났어요.

< 권장 >

- ○○이가 오늘 도장 친구랑 사소한 일로 다툼이 있었는데 얼굴에 상처가 났습니다. **친구가 미안해하면서 사과하기는 했지만, 예쁜 얼굴에 상처가 나서 어머니가 보시면 많이 속상**하실 것 같습니다. 저희가 잘 관리 했어야 했는데... **(정보제공, 수용)**
- 연고 바르고 약을 하나 챙겨서 보내드렸습니다. **덧나지 않도록 연고 발라주고 관리해야 할 텐데 어머니를 불편**하게 해드린 점도 죄송합니다. **(진정성)**

⑤ 수련하다가 넘어졌는데 팔을 다쳤어요. 골절이라고 하네요.

< 권장 >

- (병원으로 가기 전 보호자에게 미리 연락하여 상황을 전한다) ○○이가 오늘 수련하다 넘어졌는데 팔이 아프다고 합니다. 괜찮으면 좋겠는데 **혹시나 뼈에 이상이 있나 싶어서 병원에 데리고 갑니다.** (정보제공)
- 저희가 조금 더 잘 관리했어야 하는데 **걱정 끼쳐 죄송합니다. 병원에 가서 엑스레이 찍어보고 연락드리겠습니다.** (진정성)
- (골절을 확인했을 경우) ○○이 팔에 골절이 있다고 합니다. 당분간 움직이지 못하도록 깁스로 고정하여야 한다고 해서 고정했습니다(하려고 합니다). (직접적 안내)
- ○○이랑 어머니께서 **당분간 좀 불편하시겠네요. 불편을 끼쳐서 죄송합니다.** (공감, 이해하기) 저희가 수련하면서 조금 더 주의를 기울였어야 하는데 **○○이를 생각하면 마음이 아픕니다.** (진정성)
- 병원에서 준 약 챙겨 보냈습니다. 때맞춰 먹이시면 되고요. 경과보고 3주쯤 후에 깁스 풀 수 있다고 합니다. (직접적 안내) 치료 잘 받고 관리 잘해서 빨리 나아야 할 텐데 걱정입니다. **불편하신 점 있으시면 저희에게도 연락** 주시고요. 일단 치료 잘 받고 다시 연락드리겠습니다. (진정성)
- 저희는 보험회사에 아이 입장에서 충분히 치료받을 수 있도록 접수하였습니다. 차후 **처리 과정을 보면서** 필요한 것이 있으면 다시 연락드리겠습니다. (직접적 안내)
- (치료 기간일 때) ○○이 요즘 어떤가요? 다친 곳은 괜찮습니까? 깁스 때문에 신경 쓰이고 불편하시죠! (진정성)

⑥ 도장에서 발목을 다쳐서 왔는데 사범님은 모르셨어요?

< 권장 >

- 아이가 다쳐서 왔어요? 어머님이 화도 나고 속상하시겠네요. **죄송합니다.** ○○이는 어떤가요? 많이 아파하지는 않은가요? 병원에 가봐야 하지는 않는가요? (반영, 공감)
- 저희가 **아이들을 관리하는 중에 빈틈이 있었나 봅니다.** 지금 아이 상태가 어떤가요?[17] (진정성, 공감)

---

17) 수련생의 상태나 부모의 감정에 대하여 충분히 이야기할 수 있도록 들어주고 공감한 후 아이의 상태에 따라 병원을 권유하거나 얼음팩이나, 마사지 등의 적절한 처치를 조언한다.

⑥ 도장에서 발목을 다쳐서 왔는데 사범님은 모르셨어요?

- 아이가 다쳤는데 저희가 모르고 보내서 죄송합니다. **저희가 말을 안 해도 눈치챘어야 하는데** ○○이가 아팠는데도 참고 말을 안 했나 봅니다. 내일 도장에 오면(혹은 오늘 보내주시면) 어떤 상황이었는지, 어떻게 아픈지 확인하고, 약품으로 마사지하고, 테이핑이나, 붕대 등 **적절하게 조치해서 보내도록** 하겠습니다. 이런 일이 없었어야 하는데 송구스럽습니다. **(진정성)**

< 비권장 >
- 아까 집에 보낼 때까지만 해도 멀쩡했는데요. **(책임회피)**
- 오늘 운동할 때는 별 이상 없었는데, 집에 가다 다친 거 아니에요? **(책임회피)**
- 이 녀석이 다쳤으면 말을 했어야지, 아무 말도 안 했어요. **(무책임한 태도)**
- 애들은 다쳐도 금방 나아요. **(무성의한 태도)**

⑦ 도장에서 다친 것 보험처리 되나요?

< 권장 >
- 배상 책임 보험에 가입되어 있어서 **당연히 보험처리 가능**합니다. 아이는 좀 어떤가요? 치료는 잘 받고 있는가요? **(진정성, 공감)**
- 일단 치료를 충분히 받으시면서 영수증을 잘 챙겨놔 주십시오. 저희가 보험회사에 **사고접수를 해** 두었습니다. **(안심시키기)**
- 보험금 지급은 부모님께 직접 지급될 것입니다. 배상책임보험은 치료과정이 다 끝나고 **과실 비율을 따져서 보험금이 지급**됩니다. **(정보제공)**
- 저희는 보험회사에 아이 입장에서 충분히 치료받을 수 있도록 접수하였습니다. 차후 처리 과정을 보면서 필요한 것이 있으면 다시 연락드리겠습니다. **(직접적 안내)**

< 비권장 >
- 당연히 다 보상됩니다. **(무성의한 태도)**
- 아이가 잘못해서 다친 사고라서 보상이 안 됩니다. **(무책임한 태도)**
- 보험회사 직원이 연락드릴 것입니다. **(무성의한 태도)**

상담원칙

- **무조건적인 존중:** 예상치 못한 수련생의 부상으로 인해 편하지 않을 부모의 마음과 도장에 대한 불만을 인정한다.
- **안심시키기:** 수련생의 부상 발생에 대해 지도자가 빠르게 대처했으며 경우에 따라 크지 않은 부상이라는 것을 전달한다.

06. 차량운행

1) 차량운행 변경

- 차량 시간 변경에 대한 요구는 부모의 편의와 수련생의 시간적 효율을 위해 자녀를 안전하게 원하고자 하는 방향(도장, 귀가, 학원 등)으로 이끌어 주길 바라는 표현이다.
- 수련과 관련 없는 차량 요구, 개인 사정으로 인한 운행 변경요구, 갑작스러운 변경요구는 학부모의 이해부족으로 차량운행을 요청하는 경우로 "○○으로 차량이 가능한가요?"라고 하는 말들은 무조건적인 변경요구라기보다는 교통법규 준수 및 수련생의 안전과 연결하여 부모에게 양해를 구한다.

대처법

차량운행에 대한 상담은 대부분 부모와 지도자 간의 협의를 통해 운행코스에서 크게 벗어나지 않는다면 정해진 장소와 시간을 조정하여 부모에게 긍정적으로 가능성을 안내하면 된다.

그러나 정해진 차량운행 여건상 학부모가 무리한 차량 운행, 도장과 관계가 없는 차량 운행을 요청하면 안전사고 및 제반사항에 대해 책임소재의 문제가 발생 할 수 있으므로 학부모에게 정확한 설명을 통해 차량운영과 운행시간에 대해서는 미리 정해진 다른 수련생들과의 약속도 중요함을 안내해드리고 양해와 협조를 구한다.

어쩔 수 없는 상황으로 운행을 해야 된다면 맨 마지막에 배치하고 시간과 장소를 안내하는 것도 좋은 방법이 될 수 있다. 변경 요청을 수용하지 못했을 경우에는 추후 안내전화를 통해 거절에 대한 학부모의 감정을 확인하고, 갈등이나 오해가 없도록 해야 한다.

(1) 우리 아이 차량 변경해주세요!

① 오늘은 ○○학원에서 차량타도 될까요?

< 권장 >
- (차량 운행이 가능할 때) 네, 어머님(아버님), ○○학원으로 차량이 가능한지 여쭤어 보시는 거죠? 운행 코스 가능한지 확인하고 말씀드리겠습니다. **(경청, 수용)**
- (운행 장소와 시간을 확인 후) 네, 가능합니다. 원래는 정해진 코스가 있어 **추가나 변경은 어려운데 특별히** ○○이니까 운행하도록 하겠습니다. **(진정성)**
- 그럼 ○○학원에서 끝나고 ○○시 ○○분에 탑승할 수 있게 ○○학원 선생님께 말씀 부탁드립니다. **(수용적 태도)**[18]
- 다시 한 번 확인하겠습니다. ○○학원에서 ○○시간에 탑승 맞으시죠? **(요약)**
- ○○가 안전하게 탑승/하차할 수 있도록 확인하겠습니다. **(명료화)**

---

18) 상담 시 부모와 예비수련생 분리를 기본으로 한다. 부모님과 상담하는 동안 다른 지도자의 관리하에 예비수련생은 건강 테스트를 받거나 도장 소개 동영상을 시청한다.

① 오늘은 ○○학원에서 차량타도 될까요?

< 비권장 >

- 수련 중입니다. 기다려주세요! **(통보하기)**
- 아! 그럼 많이 기다려야 하는데, 괜찮으신가요? **(이해하는 척하기)**
- (확인도 안 해보고) 어려울 것 같습니다. 죄송합니다. **(일방적인 거절)**

② 차량운행을 변경해주세요?

< 권장 >

- (차량 운행이 불가능하여 거절할 때) 네, 어머님(아버님), ○○장소에서 탑승/하차를 말씀하시는 건가요? 가능한지 확인하고 말씀드리겠습니다. **(수용)**
- (차량 운행 코스 및 시간 확인 후 변경이 어려운 경우) 어쩌죠? 어머님(아버님), 그 시간에 **다른 수련생과 차량 시간과 장소가 중복돼서 어려울 것 같습니다. (진정성)**
- **꼭 변경 해 드리고 싶은데, 상황이 그렇지 못해서 죄송합니다.** 다음에 미리 말씀해 주시면 저희가 도움을 드리도록 하겠습니다. **(명료화)**

< 비권장 >

- 관장님께 여쭤보고 연락드리겠습니다. **(회피하기)**
- 그렇게 변경 요청을 하시면 저희가 곤란합니다. **(반박)**
- 시간상 좀 어려울 것 같은데 어떻게 하면 좋을까요? **(회피하기, 떠넘기기)**

③ 가까운데 ○○으로 차량운행 가능한가요?

< 권장1 >

- (갑작스런 변경 요청으로 차량운행이 가능하나 일부러 거절할 때) 네, 어머니. ○○장소에서 탑승/하차를 말씀하시는 건가요? 가능한지 확인하고 말씀드리겠습니다. **(수용)**
- (확인 후, 당연하게 받아들이지 않도록 가끔은 거절해야 한다) 어쩌죠? 어머니 차량운행 코스가 길어 시간을 맞추다 보면 안전상의 문제가 발생할 수 있어 어려울 것 같습니다. **(공감)**

③ 가까운데 ○○으로 차량운행 가능한가요?

- 꼭 도와드리고 싶은데, 상황이 그렇지 못해서 죄송합니다. 다음에 미리 말씀해 주시면 저희가 도움을 드리도록 하겠습니다. **(진정성)**

< 권장2 >
- (학부모가 우기는 상황) 그럼 현재 운행 코스가 정해져 있어 ○○이에 탑승/하차를 맨 마지막 배치해야 할 것 같은데 시간 괜찮으신가요? **(수용)**
- (부모님이 수용 후) 그럼 저희가 말씀드렸던 대로 ○○시간 ○○장소로 안전하게 탑승/하차하도록 저희가 신경 쓰도록 하겠습니다. ○○이 예상 도착 시간은 ○시○분이 될 것 같습니다. **(진정성)**

< 비권장 >
- 안될 것 같습니다. **(일방적인 거절)**
- 당일에 변경해주시면 다른 수련생 승/하차가 늦어질 수 있어요. **(몰아가기)**
- 갑자기 말씀해 주시면 저희가 곤란합니다. **(반박)**

상담원칙

- **수용**: 차량 운행의 변경을 요청한 수련생·학부모의 상황을 듣고, '네', '예', '알겠습니다.' 등의 짧은 문구로 반응을 표현한다.
- **반영**: 요청에 의해 변경 된 차량 운행을 결과를 다시 한 번 전달한다. 이러한 상황에서는 바꾸어 말하기와 함께 사용할 수 있다.
- **진정성**: 변경을 요청한 차량운행대로 변경하기 어려운 경우 있는 그대로의 변경이 어려운 이유를 정확하게 안내한다. 또한 차량운행의 경우 수련생·부모와의 미리 정해진 하나의 약속으로 다른 수련생들과의 약속도 중요함을 전달한다.
- **양해**: 요청한 차량운행의 변경을 도와주고 싶으나 부득이한 이유로 할 수 없음을 전달하고 요청한 상대방에게 이해를 구한다.

2) 차량운행 불만

- 지도자나 운행기사의 실수로 인해 수련생을 정해진 시간과 장소에 승하차시키지 못했거나, 부모의 요청으로 없던 차량코스가 추가될 때 또는 날씨, 차량 문제, 사고 등 도장상황의 갑작스러운 변화로 탑승시간이 지연되면 대처하기가 매우 어렵게 될 수 있다.
- 무리한 차량운행은 자칫 실수가 발생할 수 있으며, 안전한 차량운행이 보장될 수 없다. 따라서 여러 상황을 고려하여 지도자는 운행시간과 여건을 충분히 고려해야 한다.
- 지연으로 인한 부모의 불만에 대해서는 상황에 대한 원인을 설명하며, 교통법규 및 수련생의 안전과 연결하여 부모에게 양해를 구한다.

대처법

지연으로 인한 문제는 대부분 부모가 이해하지만, 지연이 여러 번 반복된다면 도장에 대한 불만으로 이어질 수 있다. 따라서 차량 지연이 계속된다면 차량의 운행시간 및 코스를 점검하거나, 시뮬레이션 운행을 통해 변경할 필요가 있다.

눈/비, 사고, 고장 등과 같은 외부요인으로 인한 상황은 학부모에게 지연에 대한 원인을 정확히 설명하며, 교통법규 준수 및 수련생의 안전과 연결하여 학부모에게 협조와 양해를 구한다. 예상시간보다 차량운행이 지연될 때 지도자는 부모에게 즉각적인 연락을 통하여 안전하게 도착할 수 있음을 안내한다. 교통법규를 준수해야 하는 상황으로 즉각적인 안내(운행 중)가 어려우면 추후 연락을 통해 서로간의 오해가 없도록 해야 한다.

차량 지연으로 인한 불만에 대해 논쟁이 생길 경우 누구의 잘못을 따질 것이 아니라 수련생의 안전에 대해 의견을 말하며, 이와 같은 문제가 다시는 발생하지 않도록 서로간의 노력에 초점을 맞추어 해결하도록 한다.

(1) 차량운행에 불만이 있어요.

① 우리 아이 차 안 탔어요?

< 권장1 >
- 지도자/운행기사가 수련생을 놓고 왔을 때) 어머니, 죄송합니다. 저희가 자세히 확인하지 못했습니다. **(공감, 수용)**
- 정해진 장소에서 기다리면 금방 태우러 가도록 하겠습니다. 지금 바로 다음 차량 탑승할 수 있도록 연락을 취해 두었습니다. **(안심시키기, 정보제공)**
- 앞으로 저희가 미리 시간을 확인하고 정확한 시간에 도착할 수 있도록 하겠습니다. 안전하게 탑승하면 저희가 다시 연락을 드리도록 하겠습니다. **(진정성)**

< 권장2 >
- (지도자/운행기사가 정해진 장소에 갔으나, 수련생이 없어 그냥 왔을 때) 어머니 죄송합니다. 평소 늘 약속을 잘 지키는 ○○이었는데, 오늘은 시간이 엇갈린 것 같아요. **(공감, 수용)**
- 정해진 장소에서 기다리면 금방 태우러 가도록 하겠습니다. 지금 바로 다음 차량 탑승할 수 있도록 연락을 취해 두었습니다. **(안심시키기, 정보제공)**
- 약속된 장소와 시간에 탑승하지 않으면 차량운행이 밀려 운행하는 데 어려움이 있습니다. 이러한 일들이 반복되지 않도록 시간, 장소 ○○한테도 다시 한 번 말씀해 주세요. **(명료화)**

① 우리 아이 차 안 탔어요?

- 저희도 지도진 및 운행기사에게 다시 확인하고 앞으로 이런 상황이 또 발생하지 않도록 저희도 좀 더 신경 쓰겠습니다. 안전하게 탑승하면 연락을 드리도록 하겠습니다. **(진정성)**

< 비권장 >
- 분명 갔었는데 없었습니다. **(핑계)**
- 아이가 다른 곳에 있었어요. **(떠넘기기)**
- 저희가 또 깜빡했네요. **(무성의한 태도)**

② 왜 이렇게 늦어지나요?

< 권장1 >
- (눈/비로 인해 운행이 지연될 때) 어머니 기다리셔서 많이 불편하셨죠? **(공감, 명료화)**
- 눈/비가 많이 내리고 있어 차량운행이 전체적으로 정해진 시간에서 조금씩 지연되고 있습니다. **(직접적 안내)**
- 저희가 ○○에게 전화하여 눈/비를 덜 맞는 곳에서 기다리도록 연락을 해두었습니다. 안전하게 탑승한 후 어머니께 연락드리겠습니다. 따뜻하게 옷을 입고 왔는지 모르겠네요. **(진정성)**
- 혹시 더 늦어지거나 장소가 변경되면 저희가 ○○이의 연락처를 가지고 있으니, 번호로 연락하여 안전하게 탑승할 수 있도록 안내하겠습니다. **(반영)**

< 권장2 >
- (사고/공사로 인해 운행이 지연될 때) 어머니 기다리셔서 많이 불편하셨죠? **(공감)**
- ○○에서 사고/공사가 있어 차량이 원활하게 운영되지 않아 전체적으로 정해진 시간에서 조금씩 지연되고 있습니다. **(직접적 안내)**
- ○○의 안전이 먼저 우선시 되어야 하므로 시간이 조금 지연되더라도 조금만 기다려주세요. 최대한 안전하게 도착하겠습니다. **(안심시키기)**
- 저희 지도자/운행기사님이 문제가 없도록 탑승할 수 있도록 하겠습니다. 안전하게 탑승한 후 어머니께 연락드리겠습니다. **(진정성)**

② 왜 이렇게 늦어지나요?

< 비권장 >
- 아! 괜찮습니다. 걱정하지 마세요! **(무성의한 태도)**
- 이런 날에도 사고는 없었습니다. **(맹목적인 태도, 안전 불감증)**
- 경험이 많아서 괜찮습니다. **(상투적인 표현)**

③ 차량 운전을 난폭하게 하시는 것 같아요?

< 권장1 >
- 저희 차를 보면서 걱정하셨군요. **어머니가 그렇게 느끼셨다면 많이 걱정되셨겠네요. (공감)** 어머니께 심려를 끼쳐 죄송합니다. 앞으로 안전운행할 수 있도록 각별히 신경 쓰겠습니다. **(진정성)**
- **저희가 못 느끼는 사이** 혹시 운전이 부주의하지는 않았는지 확인해 보겠습니다. **(자기 개방화)**

< 권장2 >
- 저희도 안전을 중요하게 생각하고 항상 점검하는데 혹시 빈틈이 있었는지 **앞으로도 말씀해 주세요. (명료화)**
- 무엇보다 우리 자녀들이 타고 다니는 차량이므로 안전에 대해서 다시 한 번 확인하고, 안전운행을 했는지 점검하겠습니다. **(진정성)**

< 비권장 >
- 그럴 리가 없는데? **(회피)**
- 저희 태권도장 차량이 맞나요? 다른 태권도장 차량을 잘못 보시고 말씀하시는 거 아닌가요? **(반박)**
- 급한 일이 있었던 것 같습니다. 그때만 그런 겁니다. **(둘러대기, 핑계)**

상담원칙

- **공감, 수용:** 도장의 차량운행 실수로 인해 불편을 겪었을 수련생·부모의 상황에 대해 진심으로 경청하고 실수를 인정하는 자세가 필요하다. 더불어 빠르게 대처 방안을 전달해야 한다.
- **진정성:** 있는 그대로의 상황을 전달하고 "조금 더 신경을 쓰겠습니다", "조심하도록 하겠습니다" 등의 표현으로 실수에 대해 수용하는 자세를 반영한다.
- **명료화:** 수련생·부모의 의견이나 제기된 내용에 대해 듣고 중심 내용을 파악하여 지도자가 인지한 내용과 일치하는지 다시 한 번 더 확인하며 내용을 전달한다.
- **안심시키기:** 대처 방안에 대해 전달하고 추가 문제가 발생하지 않도록 신경 쓰고 있다는 것을 전달하여 수련생·부모가 염려하고 있는 문제에 대하여 추가적인 걱정을 하지 않도록 한다.

07. 휴관 · 퇴관

1) 휴관

- 수련생의 권태, 잦은 결석과 부상, 휴가로 인해 도장을 쉬겠다고 요청하는 경우가 많다. 이러한 여러 요인 때문에 수련의 흐름이 끊겨 퇴관하는 경우도 발생하게 되는데 도장에서는 이렇게 휴관하는 수련생들을 주기적으로 관리하고 부모 상담을 통해 도장에 대한 긍정의 관계를 유지할 수 있도록 해야 한다.
- 권태로 인한 휴관의 경우 부모와 1차 상담을 통해 자녀의 생활습관을 점검하고, 태권도장과 협조 관계를 통해 수련생의 마음을 잡아줄 수 있도록 해야 한다. 휴관생에 대한 지도자의 안일한 태도와 방관은 수련생 퇴관으로 이어질 수 있다.

대처법

수련생의 휴관은 추후에 퇴관으로 이어질 가능성이 크다. 그러므로 부모님과 수련생이 수련에 흥미를 잃거나 수련 동기를 잃지 않도록 주기적인 관리와 상담이 필요하다.

권태로 인해 휴관을 요청하는 경우 지도자는 주의 깊게 상황을 파악해야 하는데, 수련생의 환경(친구, 게임, 학원부담 등)이 원인이 될 수 있으므로 일차적으로 부모와의 상담을 통해 자녀가 운동을 지속적으로 할 수 있도록 협조를 구해야 한다.

또한, 수련생의 생활 습관에 문제가 발생하는 경우가 있는데, 자녀 상담 전 부모 상담이 잘 이루어지면 긍정적인 협조의 관계를 끌어낼 수 있을 것이다. 단, 태권도 수련에 대한 무조건적인 강요가 되어서는 안 된다. 그리고 부모님들은 교육비에 예민할 수 있으니 도장 수련비 규정에 따라 빠진 교육일수만큼 수련비가 조정된다는 사실을 전달하고, 정해진 날짜에 복관이 될 수 있도록 한다.

(1) 태권도장을 당분간 쉴게요.

① 아이가 태권도를 힘들어해서 조금 쉬었다가 가도 될까요?

< 권장1 >
- ○○이가 도장생활을 많이 힘들어하는군요. 부모님이 보시기에 ○○이가 힘들어하는 상황이 무엇인지 알려주시면 ○○이와 상담을 하는 데 많은 도움이 될 것 같아요. **(공감, 명료화)**
- 태권도를 하다 보면 여러 요인으로 인해 태권도를 다니기 싫어하는 수련생들이 가끔 있답니다. 예를 들면 친구 관계, 생활습관, 체력, 학원 일정 등 외부적인 요소와 내부적인 요소들로 인해 수련생이 권태를 느낄 수 있어요. 저희와 부모님의 1차 상담을 통해 힘들어하는 ○○이의 상황이 무엇인지 파악을 하여, 스스로 잘 헤쳐나 갈 수 있도록 ○○이에게 힘이 되어야 할 것 같습니다. ○○이가 지금 시기를 잘 넘어간다면 **어른이 되어가는 과정에** 많은 **마음의 성장**을 할 것입니다. **(반영, 명료화)**

< 권장2 >
- 현재 ○○이에게는 지금 누구의 충고도 잔소리처럼 들릴 수 있으니 다그치기보다는 ○○이의 **속마음을 털어놓을 수 있도록** 시간을 주고 기회를 주는 것이 좋을 것 같습니다. **(반영)**
- 그러니 지금 저희와 부모님이 해야 하는 것은 ○○이에게 대답의 강요와 행동의 요구가 아닌 **서로를 이해**하는 방법과 자기 자신을 **바르게 표현**하는 방법을 가르쳐 주면 좋을 것 같아요. **(반영)**

< 권장3 >
- 저희 또한 ○○이와 부모님의 마음을 헤아려 **운동의 강요가 아닌** 스스로 다시금 일어설 수 있도록, 그리고 ○○이가 **부모님과 저희의 마음을 충분히 이해**할 수 있도록 상담과 관리를 하면 어떨까요? **(안심시키기, 직접안내)**
- **소통의 관계가 잘 형성되어, ○○이의 마음에 힘이 된다면 분명 어느 누구보다 더 탄력성 있는 ○○이가 될 것 같아요.** 그리고 저희 도장은 ○○이에게 태권도를 통해 건강한 정신과 올바른 성장에 도움을 줄 수 있는 따뜻한 마음과 용기를 나누는 태권도장이랍니다. **(진정성)**

< 비권장 >
- 그런가요? 도장에서는 별문제가 없었는데… **(회피하기)**
- ○○이가 오면 즐거운 프로그램으로 마음을 돌려보겠습니다. **(맹목적인 태도)**
- 상점을 많이 주어 용기를 주도록 하겠습니다. **(외적 보상 강조)**

② 2주 동안 할머니 댁을 가게 되어 방학 동안 쉴게요.

< 권장1 >
- OO이가 할머니 집에 가서 신이 났겠어요! 아무쪼록 잘 다녀오시고요, 혹시나 모를 물놀이 안전에 꼭 유의하시고요. **(공감)**

< 권장2 >
- OO(이)가 2주 휴관 중에 잘 지내고 있는지 **중간 중간 안부를 여쭈어보도록 하겠습니다. (직접적 안내)**

< 권장3 >
- 그리고 방학 기간 중 **저희 도장 외부행사 프로그램이 다양하게** 마련되어 있으니 언제든 OO(이)가 **원한다면 참가시켜주세요.** 행사 진행 때마다 필요한 정보를 **어머님 핸드폰으로 보내드리도록** 하겠습니다. **(정보제공)**

< 권장4 >
- 저희 도장의 수련비 규정에 따라 OO(이)가 **빠진 일 수 만큼 교육비는 조정**해드리니 참고해주세요. **(정보제공)**

< 권장5 >
- 그럼 즐거운 휴가 보내시고 OO(이)와는 2주 후 돌아오는 날 건강한 모습으로 만나겠습니다. **(진정성)**

③ 부상이나 질병으로 나을 때까지 쉴게요.

< 권장1 >
- 어쩌다가요? 많이 다쳤나요? 병원에서는 OO이의 상태가 어떻다고 하던가요? OO(이)와 **어머님이 놀라셨겠어요! (경청, 공감)**

< 권장2 >
- 네, 그렇군요. 우선 아이의 건강이 먼저니 저희 도장에서는 OO(이)의 수련을 **병가로 인한 일시 정지로 처리**해놓겠습니다. **(정보제공)**

< 권장3 >
- OO(이)가 **평소에 씩씩하고, 건강한 아이라 금방 나을 거예요!** 걱정은 되시겠지만, 어머님도 놀란 마음을 추스르시고, **편안한 마음을 가지세요. (진정성, 안심시키기)**

③ 부상이나 질병으로 나을 때까지 쉴게요.

< 권장4 >
- 나중에 ○○(이)가 **완쾌되어 도장으로 돌아오면 2차 부상예방**과 수련에 **어색함이 없도록 더욱더 신경을 써서 지도하겠습니다.** 아무쪼록 ○○이의 빠른 쾌유를 빌겠습니다. **(수용적 태도, 진정성)**

< 비권장 >
- 이해가 안 가네요? 분명 잘하고 있었는데… **(회피하기)**
- 2주간 빠지게 되면 심사에서 불이익을 받아요. **(무성의한 태도)**
- 그 정도는 아파도 충분히 운동할 수 있어요. **(넘겨짚기)**

상담원칙

- **경청:** 수련생·부모가 지도자에게 말하고자 하는 바에 대하여 '그렇군요.'와 같은 언어적 경청과 고개 끄덕임 또는 몸을 기울이는 자세 등으로 경청하고 있음을 표현한다.
- **반영:** 휴관을 하려는 수련생·부모의 사유에 대하여 설득의 자세를 먼저 취하기보다는 사유 속에 있는 의미를 정확히 파악하여 중요하게 생각하고 있는 주제를 찾아 전달한다.
- **정보제공:** 휴관상담 시에는 결정을 번복할 수 있는 사유와 그렇지 않는 사유가 존재한다. 휴관을 앞두고 상담을 통해 결정을 번복할 수 있는 경우에는 수련생·부모의 결정에 앞서 수련의 필요성에 대한 정보를 제공하는 것이 중요하다.
- **수용적 태도:** 휴관을 결정하였고 번복할 수 없는 사유에 대해서는 지도자가 설득이나 정보전달보다는 있는 그대로 받아들이는 자세가 필요하다. 수련 중단에 대한 부담이나 억압을 주는 것보다 재수련의 가능성과 여지를 위해 결정한 의견에 대한 존중의 자세를 취하는 것이 좋다.

2) 퇴관

- 퇴관의 경우 자녀의 선택 혹은 부모의 요구로 일어날 수 있다. 또한, 휴관의 상황을 원만히 해결하지 못해 이어지는 퇴관의 경우와 부득이하게 발생하는 이사, 학업 등의 요인이 있을 수 있다. 혹은 도장에서의 갈등으로 인해 퇴관이 되는 경우와 수련생의 목표치(품·단) 도달로 인한 퇴관이 있을 수 있다.
- 도장에 대한 불만으로 인해 퇴관으로 이어지는 상황이 발생할 경우 지도자의 섣부른 판단과 선입견은 자칫 부모님과 대립으로 이어질 수 있으니 어떠한 상항에서 감정을 보이면 안 될 것이다.

대처법

환경의 변화(이사, 학업)로 퇴관의 경우 부모와 자녀의 의지에 따라 인근 타 도장과 연계하여 다른 도장에 잘 적응하도록 지원을 하며, 변화된 환경의 걱정과 응원을 통해 진심으로 걱정하고 있음을 표현하여야 한다(소개장 첨부). 그리고 수련생의 목표치 도달로 인한 퇴관 요청의 경우 추후 기술적 변화와 교육적인 변화를 부모님에게 전달하여 재등록이 이루어질 수 있도록 한다.

도장과의 갈등으로 인한 퇴관은 부모님이 도장의 관리가 소홀하다고 판단하여 발생했을 가능성이 크므로 지도자는 감정을 보이지 않도록 목소리 톤과 표정에 신중함을 기해야 한다. 부모님과 의견대립이 되지 않도록 입장을 충분히 듣고 상황을 잘 파악하도록 노력한다. 지도자는 문제를 피하지 않고 적극적인 태도로 상황을 원만하게 해결을 할 수 있도록 도움을 줄 수 있도록 한다.

(1) 이제 태권도를 못 다닐 것 같아요.

① 저희가 이사를 하게 되었어요.

< 권장1 >
- 그동안 OO이와 정도 많이 들고 도장의 추억도 많았는데... 여러모로 많이 아쉽습니다. **(경청, 공감)**
- 저희가 그렇지만 무엇보다 OO이의 마음이 많이 서운할 거라 생각이 들어요. 짧은 시간이지만 도장을 나오는 동안 지도진, 수련생들과 유종의 미를 거둘 수 있도록 OO이와 의미 있는 시간을 가지도록 하겠습니다. **(진정성, 안심시키기)**

< 권장2 >
- 저희 또한 OO이와 작별하는 것이 매우 아쉽지만, 항상 잊지 않고 기억하고 있겠습니다. 다음에 이 지역에 들리시면 꼭 한번 저희 도장을 방문해 주세요. **(진정성, 자기개방화)**
- 이사하신 곳의 도장에서 OO이가 언제든 수련이 이어질 수 있도록 저희가 **소개장을 적어** 보내드리겠습니다. 소개장에는 OO이의 수련과정과 심사 시기, 체력수준 등이 상세히 적혀있으니 **나중에 다니게 될 도장 사범님에게 제출**하면 도장에 적응하는 데 많은 도움이 될 거예요! **(정보제공, 직접안내)**

< 권장3 >
- 아무쪼록 이사하시는 곳에서 OO이가 잘 성장할 수 있도록 항상 마음으로 응원하도록 하겠습니다. 늘 가정의 행복과 사랑이 깃들기를 바랍니다. 그동안 저희 도장을 믿고 맡겨 주셔서 진심으로 감사드립니다. **(진정성)**

② 학원이 겹쳐 도장을 그만두어야 할 것 같아요.

< 권장1 >
- OO이가 학년이 올라가면서 학업의 비중이 많이 커지네요. 공부도 시기가 있기에 어머님의 생각에 전적으로 동의합니다. **(경청, 수용적 태도)**
- OO이가 평소에 열심히 하는 친구라 분명 공부 또한 잘할 수 있을 거라 생각이 들어요. **(진정성)**

② 학원이 겹쳐 도장을 그만두어야 할 것 같아요.

< 권장2 >

- 그래도 **공부는 체력이 있어야 하기에** 방학 기간이나 학원적응이 어느 정도 되면 **언제든 다시 보내주세요.** 공부와 적절한 운동은 같이 해주면 오히려 ○○이에게 좋을 거예요. **(반영, 정보제공, 자기 개방화)**

< 권장3 >

- 학업에만 집중하는 아이들은 보통 **스트레스를 PC와 핸드폰으로 많이 풀거든요. 적절한 운동을 통해 땀을 흘리며 스트레스를 풀게 해주면** 꿈과 진로를 찾아가는 ○○이에게 건강한 몸과 정신을 줄 수 있을 겁니다. **(진정성)**

< 비권장 >

- 공부만큼이나 운동이 중요합니다. **(맹목적인 태도)**
- 태권도를 통해 충분히 대학을 갈 수 있습니다. **(반박)**

③ 태권도를 이젠 그만해도 될 것 같아요! (목표치 달성)

< 권장1 >
- OO이가 태권도를 여기까지 올 수 있었던 건 부모님의 믿음과 응원이 있었기에 가능했던 것 같습니다. **(진정성)**
- 지난 시간을 돌이켜보면 OO이가 태권도를 다니면서 체력과 사회성이 좋아졌음을 많이 느낀답니다. **(공감)**

< 권장2 >
- OO이와 어머님이 생각하시기에 태권도를 다 배웠다고 생각할 수 있을 거예요. 하지만 태권도 교육의 목표는 품·단 취득과 신체의 발달 이외에도 많은 사회성 발달과 인성함양, 올바른 자아 형성에까지 있습니다. **(수용적 태도)**

< 권장3 >
- 요즘 아이들의 문화를 보면 한창 성장하고 세상을 배울 나이임에도 불구하고, 과도한 학업 스케줄로 인해 스트레스 해소를 게임이나 핸드폰으로 많이 해소하고 있음을 알 수 있습니다. 그로 인해 표현력, 친화력이 부족하여 내재적인 분노들을 조절하지 못하고, 반항과 일탈로 표출되는 아이들도 나타나고 있습니다. 태권도는 아이들의 스트레스를 올바른 방법으로 해소할 수 있는 하나의 매개가 되어줍니다. 수련을 통해 내면적 자기 성찰을 하고 태권도 수련에 임하는 과정에서 동료들과의 협응을 통해 사회성을 도모할 수 있습니다. **(정보제공)**
- 또한, 태권도는 교육과정은 품·단에 따른 과정이 체계적이고, 다양한 단계별 기술로 이루어져 있어 기술 습득에 재미를 더 할 수 있을 겁니다. OO이와 한 번 더 논의해 보시는 건 어떨까요? **(직접적 안내, 설득)**
- 추후 태권도 품·단의 취득은 경찰, 군인, 지도자 등 많은 직업 분야에도 활용할 수 있으니 참고하시길 바랍니다. **(정보제공)**
- 아무쪼록 저희와 OO이의 수련이 지속된다면 보다 신경을 써서 지도하도록 하겠습니다. **(진정성)**

< 비권장 >
- 부모님 태권도는 3품 정도는 따야 합니다. **(맹목적인 태도)**
- 쉬었다 오면 다시 처음부터 해야 합니다. **(맹목적인 태도)**

④ 한 친구로 인해 태권도를 다니기 싫어해서 그만두려고요.

< 권장1 >

- 그런 일이 있었군요! 어머님 입장에서 **저희 도장이 충분히 관리가 잘 안 되었다고 느끼셨겠네요.** 우선 저희가 미처 알지 못해 OOO이와 어머님께 미안하고, 죄송스럽습니다. **(경청, 공감, 진정성)**
- 어머님, **저희가 아이들과 한번 상담을 해본 후 잘못된 점은 타이르고,** 서로 사이좋게 잘 지낼 수 있도록 도장에서 **교육**하도록 하겠습니다. (지도자가 수련생들의 상담을 부모님에게 요청하는 상황) **(반영)**

< 권장2 >

- 아직 아이들이라 **서로를 피하려는 것보다는 지혜롭게 잘 대처**하고 해결할 수 있도록 해주는 것도 **어찌 보면 어른이 되는 아이들에게 제일 중요**한 교육일 거예요. **(직면, 자기 개방화)**
- OOO이가 태권도를 쉬게 되더라도 도장에서 서로 간의 갈등은 풀어주는 것이 좋을 것 같아요. 감정이 앞서 호통으로 서로의 잘못을 다그치고, 따지게 된다면 추후 학교생활과 **친구 관계에 부정적인 요소로 작용이 될 수 있을 겁니다. (직면, 자기 개방화)**

< 권장3 >

- 지금 당장은 저희와 당사자 아이에게 많이 서운하시고, 화가 나시겠지만, **그 부분을 충분히 참고하여, 원만하게 해결을** 해보도록 하겠습니다. **(진정성, 안심시키기)**
- 도장에서 아이들과 충분히 이야기 나눈 후 **어머님과 다시 통화하도록** 하겠습니다. **(정보제공, 안심시키기)**
- 저희 도장에 믿음 주셔서 감사드리고, 다시 한 번 심려를 끼쳐드려 죄송합니다. 추후 이와 같은 일들이 발생하지 않도록 **각별한 관리와 신경 써서 교육**하도록 하겠습니다. **(진정성, 안심시키기)**

< 비권장 >

- 어머님 OOO이도 많은 잘못을 했어요! **(반박)**
- 아이들끼리 그럴 수도 있지요! **(맹목적인 태도)**

상담원칙

- **진정성:** 수련생과의 관계가 퇴관으로 인해 끊어지는 것이 아니라는 점을 '아쉽습니다', '언제든지 친구들 만나러 들리면 좋겠습니다' 등과 같은 표현을 사용하여 전달한다.
- **직면:** 수련생·부모의 퇴관을 결정한 사유에 따라 그들이 느끼거나 생각한 실제와 다른 점이 있는 경우 또는 퇴관과 직결되는 사유가 아닌 경우 이에 대해 '혹시 ~이렇게 생각하신 이유가 있나요?'와 같이 이야기하여 화제에 대해 직면할 수 있도록 유도한다.
- **안심시키기:** 퇴관 결정이 수련생·부모, 지도자의 관계의 끝을 말하는 것이 아닌 앞으로도 관계를 유지할 것을 진심을 담아 전달한다.
- **정보제공, 직접적 안내:** 특히 이사 등의 사유로 퇴관을 하는 경우 수련생의 수련 과정에 대해 다른 도장에 가서도 어려움 없이 이어서 수련할 수 있도록 자료를 전달해 주는 것도 좋다. 또한 수련생·부모가 원할 경우 이사를 갈 지역의 연계된 도장을 소개시켜주는 것도 좋다.

KTA 태권도장 상담 매뉴얼
KTA Taekwondo Academy Counseling Manual

4장.
도장 상담 핵심정리

본 장에서는 앞서 살펴본 내용을 토대로 도장 상담에서 상황별 핵심질문과 핵심답변을 소개하였다. 상담 상황과 질문은 다양하겠지만 3장의 실제 예시와 상담 흐름을 토대로 본 장에서 제시하는 핵심을 이해하고 상담에 적응하면 원활한 상담을 제공할 수 있을 것이다.

4장 도장 상담 핵심정리

01. 도장등록 상담 핵심 질문과 답변

1) 등록 상담

(1) 전화 등록상담

 저희 아이가 태권도를 다니고 싶다고 해서 알아보고 있습니다.

 제가 무엇을 안내해드리면 되겠습니까? **(명료화)**
구체적인 내용은 방문상담 시 안내해 드리도록 하겠습니다. (직접적 안내)
어느 시간이 더 편하실까요?

 친구들이 태권도장에 많이 다닌다고 같이 다니고 싶어 하네요.

 친구들과 함께 건강과 자신감에 도움이 되는 태권도를 하는 것도 좋은 방법일 듯 합니다. (공감, 정보제공)

지인의 소개로 전화 드렸습니다.

A: ○○○ 어머님의 소개로 전화를 주셨군요.
○○이도 예의 바르고 바른 마음을 소유한 아이일 듯합니다.
○○이와 ○○이가 함께 수련하는 모습을 상상하니 흐뭇합니다. (칭찬하기)

언제 방문하면 될까요?

A: 어느 시간이 편하십니까? (직접적 안내)
전화 상담 후 도장을 소개할 모바일 홈페이지를 안내해 드리겠습니다.
안내해 드리는 모바일 홈페이지를 가정에서 함께 검토해 보시고 방문하시면 더 유익한 방문상담이 될 겁니다. (정보제공)

(2) 방문 등록상담

상담받으려 하는데 지금 괜찮나요? (전화 방문 약속을 하고 방문하는 경우)

A: 상담 시간은 10분~15분 정도 소요될 예정입니다.
시간 괜찮으신가요? (직접적 안내)

상담받으려 하는데 지금 괜찮나요? (전화 방문 약속 없이 방문하는 경우)

A: 시간을 내어 방문해 주셨는데 죄송스러운 말씀을 드립니다.
수련 시간에 지도에 집중하기 위해 도장 등록의 경우 시간을 정해 진행하고 있습니다. **(정보제공)**
상담시간 중 어느 시간이 편하실까요? 알려주시면 상담을 미리 준비해두겠습니다. **(정보제공)**

2) 수련비 관련

💡 수련비 할인 해 주세요.

A: 먼저 늘 관심을 가져 주셔서 감사하다는 말씀을 드립니다. **(반영)**

수련비 할인 보다는 가치 있는 교육으로 자녀들을 지도하고 부모님께서 바라시는 자녀로 성장할 수 있도록 각별히 더 신경 써 드리는 게 옳다고 생각합니다. **(진정성)**

납부하시는 수련비만큼 사랑하는 자녀들에게 더 많은 관심과 지도를 해달라는 말씀으로 이해하고 있습니다.

💡 주변 태권도장보다 수련비가 왜 비싸요?

A: 수련비의 차이보다는 태권도수련 교육의 내용과 수련생들을 위한 프로그램의 내용 그리고 이를 통해 긍정적으로 변화될 OOO이의 모습을 보시고 평가해주십시오. 언제든 지적해주시고 고견 주시면 감사하겠습니다. 어머님(아버님)의 응원과 격려에 다시 한 번 감사의 말씀을 드립니다. **(자기 개방화)**

💡 도복은 무료로 주나요?

A: 저희에게 특별히 부탁하고 싶으신 게 있으신 것 같습니다. ○○이가 **어머님(아버님)**의 바람처럼 바르고 건강하게 성장할 수 있도록 최선을 다해 지도하도록 하겠습니다. **(반영)**

3) 자주하는 걱정거리

💡 저희 아이가 아직 어려서 그러는데 큰 형들에게 치일까 걱정이 됩니다.

A: 어머님(아버님)의 걱정은 충분히 이해됩니다. **(공감)**
염려되는 부분도 있지만, 나이 많은 선배들과 함께 수련하며 사회적 성격 형성, 정서적 함양에 도움을 받는 등 긍정적인 측면도 많이 있습니다. **(바꾸어 말하기)**

💡 아이들의 안전사고가 걱정됩니다.

A: 저희 도장에서도 수련생들의 안전을 위해 다음과 같이 조치하고 있습니다. **첫 번째**, 행동강령을 통해 도장 내에서 안전한 수련을 유도하고 있습니다. **두 번째**, 도장 내 **시설물 위험 리스트**를 만들어 상시 관리 감독하고 있습니다. **세 번째**, 혹시 발생할지 모를 사고에 대비해 **대응 매뉴얼**을 갖추고 있으며 **네 번째**, 발생한 사고에 대해 **"도장 배상책임보험"**을 통해 배상할 수 있도록 가입되어 있습니다. **(정보제공)**

💡 차량 안전에 대한 걱정이 됩니다.

A: 도로교통공단에서 시행하는 안전교육을 이수한 차량 선생님들이 운전하고 계십니다. 차량 도우미 선생님도 함께 탑승해 차량 내에서 발생할 수 있는 안전사고에 대비하고 있습니다. **(안심시키기, 정보제공)**

💡 주 5회 수련 외에 주 3회나 주 2회 수련도 가능한가요?

A: 네, 당연히 가능합니다.
< 교육 및 심사 규정에 대한 정보제공 >
배우는 내용이 미흡하거나 배우지 못하는 과목은 없으니 걱정 안하셔도 됩니다. **(안심시키기)**

4) 등록결정 및 보류

 좀 더 알아보고 다시 올게요.

 저희 도장에서는 **부모님의 올바르고 현명한 판단을 위해** ○○이를 위한 **체험수업이 준비되어 있습니다.** 소요시간은 3일 정도 소요되며 이 체험수업을 통해 **태권도장을 미리 경험하게 하는 프로그램입니다.** 어떠십니까?

02. 수련 프로그램 상담 핵심 질문과 답변

1) 수련안내

 **무엇을 가르치시나요?**

 교육과정표를 보시고 말씀해주시면 좀 더 구체적으로 설명해 드리도록 하겠습니다. **(요약)**

 **어떻게 가르치시나요?**

 저희 도장 지도진은 O명으로 구성이 되어있습니다, 대한태권도협회의 전문교육과정을 이수한 전문 사범님들이 **열정과 사랑으로 수련생들을** 지도하고 있습니다. **(정보제공)**
수련과 더불어 **아이가 성장해 나가는 시기에 필요한** 올바른 **습관화 교육과 사회와 단체생활에 꼭 필요한 인성교육**을 잘 지도하는 도장입니다. **(진정성)**

2) 수련변경(부모 요구)

 수업일수를 주 5회(3회)로 변경을 요청합니다.

 수업일수를 주 5회(3회)로 변경을 요청합니다.
< 심사기준과 수련비 관련 규정에 대한 정보전달 >
문서로 보기 쉽게 발송해드리도록 하겠습니다. **(정보제공)**
저희 **지도진이 특별히** 더욱더 **열정으로 지도**하여 **학업과 운동이 균형 있게** 이루어 질 수 있도록 노력 하겠습니다. **(진정성)**

💡 특별반(시범단, 선수부 등)에 들어갈 수 있을까요?

A: 부모님 지금은 조금 서운하시겠지만, 저희 지도진과 OO이를 믿고 기다려 **주시면 어떨까요?** 앞으로도 많은 응원과 사랑의 관심을 부탁드립니다. **(진정성)**

💡 제가 오늘 조금 늦게 퇴근하는데 도장에 아이가 있을 수 있나요?

A: 부모님이 몇 시쯤 도착하시는지 시간을 말씀해주시면 그 시간까지 도장에서 OO이가 있을 수 있도록 하겠습니다. **(요약)**
다만 OO이를 잘 챙기도록 하겠지만, 저희 지도진의 **수업으로 인해** 신경을 많이 쓰지 못하더라도 양해 부탁드립니다. (정보제공)

3) 수련시간 변경(지도자 요구)

💡 연령과 수준에 따라 수련시간을 변경해야 하는데 가능할까요?

A: 학년이 올라간 OO이의 발달 수준과 현재 참여하는 수련 시간의 **운동 수준, 인성교육 등의** 수련 내용이 수준과 맞지 않게 되더라고요. **(정보제공)**
매일 저녁부에 오는 것이 부담된다면 OO이의 **여러 상황을 고려하여 주 2~3회** 라도 되는 날은 저녁에 보내주시면 **수련이 부족하지 않도록 지도하겠습니다.**
(정보제공, 직접안내)

💡 심사와 대회준비로 보강을 조금 더 해야 할 것 같습니다.

A: **스케줄이 바쁘거나 몸이 많이 피곤한 날은** 저희에게 이야기해주시면 **보강을 하지 않고 정규수업만** 하도록 하겠습니다. **(직접적 안내)**

03. 수련효과 상담 핵심 질문과 답변

1) 신체적 수련효과

 **태권도 수련을 일 년 넘게 하는데도 살이 안 빠지네요.**

 저도 유심히 보고 있는 중이었는데 어머님도 걱정하고 계셨네요. (반영)
< 필요 정보에 대한 정보제공, 직접적 안내를 통한 행동 권유 >
저희 지도진도 조금 더 효율적인 방법을 찾아보겠습니다. (진정성)

 **태권도를 하면 많이 다치던데 겨루기는 너무 위험하지 않나요?**

 저희 지도진도 수련 중에 아이들이 다칠까 봐 항상 걱정한답니다. (공감)
< 걱정에 대한 안심시키기 및 부상 방지 시스템에 대한 정보제공 >
부상 방지 및 예방을 중요하게 생각하고 늘 긴장하며 지도합니다. 걱정을 덜어드릴 수 있도록 저희 지도진이 보다 더 신경 쓰고 조심하도록 하겠습니다. (진정성)

2) 성격 또는 행동문제

 내성적, 소극적 혹은 자신감이 없어요.

 저희 지도진도 수련 중에 아이들이 다칠까 봐 항상 걱정한답니다. (공감)
아이들은 발달 단계마다 부모님이 걱정할 만한 문제행동을 보이기도 합니다. (안심시키기)
< 해당 연령대 발달 단계에 대한 전문적 지식과 정보제공 >
저희가 먼저 수련생에 관심을 기울여 지도해 나갈 수 있도록 하겠습니다. (진정성)

집중력이 부족하고 산만해서 걱정이에요.

 아직은 한 가지 과제에 오래 집중하기 힘든 나이입니다. (안심시키기)
같은 연령대 또래 아이들 대부분은 발달과정에서 산만한 행동을 나타내곤 합니다. (정보제공)
저희도 아이를 지켜보면서 과제에 집중하고, 스스로 자신을 조절해 나갈 수 있도록 지도하겠습니다. (진정성)

3) 교육요청

 도장에서 나쁜 말을 배워서 왔어요. 오늘 친구들에게 욕을 하더라고요.

 ○○이가 그랬습니까? ○○이에게 어떤 상황에서 그런 일이 있었을까요? (경청)
어머님이 도장에서 나쁜 말을 배워왔다는 생각이 들었으면 많이 속상하시고, 서운하시겠습니다. (공감)
저희가 더 주의를 기울여서 교육했어야 했는데, 죄송합니다. 저희도 교육에 어떤 허점이 있었는지 확인하고 보강하도록 하겠습니다. (진정성)

 태권도를 너무 못하는 것 같아요. 좀 더 잘하게 해주세요.

 ○○이가 열심히 수련하고 있고, 예전과 비교하면 많이 늘었지만, **집에서는 충분하게 표현하지 못해서 부모님이 그렇게 생각하셨다니 저희도 좀 안타까운 마음이 듭니다.** (진정성)

04. 심사 및 대회 상담 핵심 질문과 답변

1) 승급심사

💡 승급심사를 꼭 봐야 하나요?

A: 아이가 승급심사에 자신 없어 불안해해 많이 걱정되셨겠습니다. **(공감)**
도장에서는 심사를 준비할 때 약간의 부담이 될 수 있는 과제를 주고 **자신의 노력을 통해 성공경험을 느낄 수 있도록 성취 욕구를 자극**하려 합니다. **(정보제공)**
가정에서도 '못해도 괜찮으니 한 번 도전해 보자'라고 말해주세요.
저희도 아이가 끝까지 도전하도록 격려하면서 같이 함께해 보겠습니다. **(진정성)**

💡 승급심사 내용과 진행은 어떻게 되나요?

A: 승급심사 규정이랑 교육과정표는 ○○편에 어머니께 보내드리도록 하겠습니다. **(반영)**
저희가 평가할 때의 기준은 현재의 실력평가라기보다는 **이전보다 성장하고 변화했는지에 초점**을 맞추기 때문에 하고자 하는 의지만 있다면 결과는 크게 걱정하지 않으셔도 됩니다. 심사에 참여할 때는 반드시 공인도복을 입고 참여해야 하는 규칙도 있습니다. **(직접적 안내)**

💡 승급심사에 참여 못 하는데 승급 못 하나요?

A: ○○이가 참 열심히 하는 친구라 기회를 줄 다른 방법이 있는지 저희 지도진하고 의견 나눠보고 연락드리겠습니다. 다음에는 **심사참여가 어려울 때는 일주일 전에 꼭 계획서나 사유서를 꼭 보내주시면** 감사하겠습니다. **(진정성)**

기죽지 않게 그냥 띠(급) 올려주세요.

 저희도 ○○이를 생각하면 그냥 올려주고 싶기도 합니다. 그렇지만 ○○이가 **자신의 노력으로 띠를 따고 뿌듯해 할 수 있는 기회**를 주고 싶습니다. 아마 이번 기회가 ○○에게 좋은 배움의 기회를 될 것입니다. **(정보제공)**
어머니께서도 ○○이가 힘내서 이 **과정을 자신의 노력으로 이겨낼 수 있도록 좀 더 격려해주면 멋지게 해낼 거라 믿습니다. (안심시키기)**

2) 승품·단 심사

승품·단 심사 언제 가나요?

 승품·단 심사 응심은 연령과 수련수준 및 기간, 개인마다 수련 진도, 신체능력, 인지능력에 따라 시점이 조금씩 다릅니다. **(정보제공)**
2주 동안 평가 과정 기간이 있어 확인이 필요한데 어쩌죠? 승품·단 심사 점검표(평가표)를 통해 결과가 확인되면 안내해 드리도록 하겠습니다. **(반영)**

승품·단 심사비도 비싼데 꼭 봐야 하나요?

 심사는 혼자의 힘으로 부담감, 긴장, 두려움을 이겨내고 자신감과 노력을 통해 **홀로 성취하는 수련과정의 결실입니다. (정보제공)**
승품·단 심사 준비과정을 통해 분명 성장해나갈 것입니다. 저희 지도진도 우리 ○○이에게 **심사에 필요한 준비과정들을 하나하나 알려주고, 성심껏 지도하도록 하겠습니다. (진정성)**

💡 승품·단 심사비가 왜 이렇게 비싼가요?

A: < 심사 소요 경비 및 심사 시 필요한 제반 사항에 대한 정보제공 >
이 비용이 아깝지 않도록 저희가 심사를 준비하는 과정에서 더 많은 노력을 기울이겠습니다. **(진정성)**

💡 승품·단 심사에 떨어졌어요!

A: < 심사 결과에 대한 직접적 안내 >
승품·단 심사에서 미흡했던 부분에 대해 ○○가 다시 점검하고 스스로 도전하여 성취할 수 있도록 저희가 더 신경 쓰고 지도하도록 하겠습니다. **(진정성)**

3) 대회출전

💡 대회훈련을 너무 힘들어해서 포기하려고 해요.

A: 어머니께 응석을 한번 부리고 싶었나 보네요. 그럴 때 어머니께서 '힘들었는데 끝까지 참아내고 최선을 다했구나, 우리 ○○ 멋쟁이'라고 말해주세요. **(정보제공)**
제가 볼 땐 잘 이겨내고 있습니다. **힘들다고 하면 저희한테 살짝 알려주세요. 그러면 아이의 컨디션을 살피면서 수련을 조절하도록 하겠습니다.** (진성성)

💡 대회에서 아이가 금메달을 못 따서 너무 실망하고 있어요.

A: < 수련생에 대한 공감 >
○○이가 금메달을 못 따서 실망하고 있지만, **분명 한 뼘 성장하는 시간이었을 겁니다.** 도장에 오면 ○○이랑 이야기 나눠보고, 격려하도록 하겠습니다. 어머니 너무 걱정하시지 마세요. **(안심시키기)**

개별용품을 꼭 구매해야 하나요?

 만약 아이들이 서로 장비를 번갈아 쓴다면 다른 아이들의 땀이 젖어있는 장비를 써야 하고, 질병에도 노출되기에 청결과 안전의 문제로 개인장비를 쓰는 것을 추천합니다. **(직접적 안내)**

05. 구성원 간의 갈등과 수련생 부상 상담 핵심 질문과 답변

1) 수련생 간의 갈등 상황

 도장 친구가 우리 OO이를 자꾸 귀찮게 하고 괴롭힌다고 하네요.

 제가 무슨 일이 있었는지 확인하고, 그런 일이 반복되지 않도록 같이 이야기 나눠보겠습니다. 이번 일로 **두 아이가 상대방에 대해 더 잘 이해하게 되는 기회가 될 수 있도록 잘 마무리**하겠습니다. 다음에라도 혹시 또 이런 말을 하면 망설이지 마시고 저희에게 알려주세요. **(진정성)**

다른 친구가 먼저 괴롭혔다고 하는데 왜 우리 아이만 혼내시는 거죠?

 아이들과 이야기 나눌 때 한쪽으로 치우치지 않으려고 노력하는데 가끔은 **생각대로 되지 않을 때도 있어요**. 어떤 것에 그런 느낌을 받게 되었는지 확인하고 오해가 없도록 잘 정리하겠습니다. 앞으로도 이런 일이 있다면 언제든지 저희에게 얘기해 주십시오. **(진정성)**

도장 수련생에게 맞고 왔어요.

A: 무슨 일이 있었는지 자세하게 확인하도록 하겠습니다. 잘못한 일에 대해서 사과하고 다시 그런 일이 생기지 않도록 저희가 잘 지도하도록 하겠습니다. **수련생 사이에 이런 일이 생겨서 저도 속상하고 송구스럽게 생각합니다.** 앞으로도 이런 일이 생기면 언제든지 저희에게 얘기해주십시오. **(진정성)**

OO이를 너무 싫어해요. 다른 반으로 보내주세요.

A: 기회를 한번 주시면 저희가 상담을 통해서 **이번에 관계를 잘 회복하고 성향이 다른 사람에게 적응하고 대응하는 방법을 배울 수 있는 기회로 삼아**보고 싶은데 어떠십니까? **(정보제공)**

믿어주셔서 감사합니다. **저희가 상담하고 지켜보면서 두 아이가 잘 적응할 수 있도록 노력**하겠습니다. 혹시 아이들이 중간에 다시 불편해질 수 있어요. 그렇다면 다시 한 번 더 도장으로 연락 부탁드립니다. **(진정성)**

2) 부상에 관한 안내

도장에서 친구랑 다투다가 얼굴에 상처가 났어요.

A: **친구가 미안해하면서 사과하기는 했지만, 어머니가 보시면 많이 속상**하실 것 같습니다. 저희가 잘 관리 했어야 했는데... **(정보제공)**

상처에 연고를 바르고 약을 하나 챙겨서 보내드렸습니다. **덧나지 않도록 연고 발라주고 관리해야 할 텐데 어머니를 불편**하게 해드린 점도 죄송합니다. **(진정성)**

수련하다가 넘어졌는데 팔을 다쳤어요. 골절이라고 하네요.

< 병원으로 이동 전 보호자에게 연락하여 상황에 대해 전달 >

괜찮으면 좋겠는데 **혹시나 뼈에 이상이 있나 싶어서 병원에 데리고 갑니다. (정보제공)**

저희가 수련하면서 조금 더 주의를 기울였어야 하는데 **○○이를 생각하면 마음이 아픕니다. 치료 잘 받고 관리 잘해서 빨리 나아야 할 텐데 걱정입니다. 불편하신 점 있으시면 저희에게 연락 주십시오. (진정성)**

보험회사에 아이 입장에서 충분히 치료받을 수 있도록 접수하였습니다. 차후 **처리 과정을 보면서** 필요한 것이 있으면 다시 연락드리겠습니다. **(직접적 안내)**

도장에서 발목을 다쳐서 왔는데 사범님은 모르셨어요?

저희가 모르고 보내서 죄송합니다. **말을 안 해도 눈치챘어야 하는데** ○○이가 아팠는데도 참고 말을 안 했나 봅니다. 내일 도장에 오면(혹은 오늘 보내주시면) 괜찮은지 확인하고, **적절하게 조치해서 보내도록** 하겠습니다. 이런 일이 없었어야 하는데 송구스럽습니다. **(진정성)**

도장에서 다친 것 보험처리 됩니까?

배상 책임 보험에 가입되어 있어서 **당연히 보험처리 가능**합니다. 아이는 좀 어떤가요? 치료는 잘 받고 있는가요? **(진정성, 공감)**

보험회사에 아이 입장에서 충분히 치료받을 수 있도록 접수하였습니다. 차후 **처리 과정을 보면서** 필요한 것이 있으면 다시 연락드리겠습니다. **(직접적 안내)**

06. 차량운행 상담 핵심 질문과 답변

1) 차량운행 변경

 오늘은 ○○학원에서 차량타도 될까요?

 운행 코스 가능한지 확인하고 말씀드리겠습니다. **(경청, 수용)**
< 운행 장소와 시간의 확인 후 >
네, 가능합니다. 원래는 정해진 코스가 있어 **추가나 변경은 어려운데 특별히 ○○이니까** 운행하도록 하겠습니다. **(진정성)**

 차량운행을 변경해주세요?

 운행 코스 가능한지 확인하고 말씀드리겠습니다. **(경청, 수용)**
꼭 변경 해 드리고 싶은데, 상황이 그렇지 못해서 죄송합니다. 다음에 미리 말씀해 주시면 저희가 도움을 드리도록 하겠습니다. **(명료화)**

2) 차량운행 불만

 우리 아이 차 안 탔어요? (지도자/운행기사가 수련생을 놓고 왔을 때)

 어머니, 죄송합니다. 저희가 자세히 확인하지 못했습니다. **(공감, 수용)**
정해진 장소에서 기다리면 금방 태우러 가도록 하겠습니다. 지금 바로 다음 차량 탑승할 수 있도록 연락을 취해 두었습니다. **(안심시키기, 정보제공)**

우리 아이 차 안 탔어요? (수련생이 없어 태우지 않고 그냥 왔을 때)

A: 운행 코스 가능한지 확인하고 말씀드리겠습니다. **(경청, 수용)**

약속된 장소와 시간에 탑승하지 않으면 차량운행이 밀려 운행하는 데 어려움이 있습니다. 이러한 일들이 반복되지 않도록 시간, 장소 ○○한테도 다시 한 번 말씀해 주세요. **(명료화)**

앞으로 이런 상황이 또 발생하지 않도록 저희도 좀 더 신경 쓰겠습니다. 안전하게 탑승하면 연락을 드리도록 하겠습니다. **(진정성)**

왜 이렇게 늦어지나요?

A: 저희가 ○○에게 전화하여 눈/비를 덜 맞는 곳에서 기다리도록 연락을 해두었습니다. 안전하게 탑승한 후 어머니께 연락드리겠습니다. 따뜻하게 옷을 입고 왔는지 모르겠네요. **(진정성)**

혹시 더 늦어지거나 장소가 변경되면 연락하여 안전하게 탑승할 수 있도록 안내하겠습니다. **(반영)**

차량 운전을 난폭하게 하시는 것 같아요?

A: **저희가 못 느끼는 사이** 혹시 운전이 부주의하지는 않았는지 확인해 보겠습니다. **(자기 개방화)** 어머니께 심려를 끼쳐 죄송합니다. 앞으로 안전운행을 할 수 있도록 특별히 신경 쓰겠습니다. **(진정성)**

07. 휴관·퇴관 상담 핵심 질문과 답변

1) 휴관

💡 아이가 태권도를 힘들어해서 조금 쉬었다가 가도 될까요?

A: ㅇㅇ이의 **속마음을 털어놓을 수 있도록** 시간을 주고 기회를 주는 것이 좋을 것 같습니다. **(반영)**
운동의 강요가 아닌 스스로 다시금 일어설 수 있도록, 그리고 ㅇㅇ이가 **부모님과 저희의 마음을 충분히 이해** 할 수 있도록 상담과 관리를 하면 어떨까요? **(안심시키기, 직접적 안내)**

💡 2주 동안 할머니 댁을 가게 되어 방학 동안 쉴게요.

A: 방학 기간 중 **저희 도장 외부행사 프로그램이 다양하게** 마련되어 있으니 언제든 ㅇㅇ(이)가 **원한다면 참가시켜주세요.** 행사 진행 때마다 필요한 정보를 **어머님 핸드폰으로 보내드리도록** 하겠습니다. **(정보제공)**

💡 부상이나 질병으로 나을 때까지 쉴게요.

A: 완쾌되어 도장으로 돌아오면 2차 부상예방과 수련에 **어색함이 없도록 더욱더 신경 써서 지도하겠습니다.** 아무쪼록 ㅇㅇ이의 빠른 쾌유를 빌겠습니다. **(수용적 태도, 진정성)**
건강이 먼저니 수련은 병가로 인한 일시 정지로 처리해놓겠습니다. **(정보제공)**

2) 퇴관

💡 저희가 이사를 하게 되었어요.

A: 이사 가시는 곳의 도장에서 OO이가 언제든 수련이 이어질 수 있도록 저희가 **소개장을 적어** 보내드리겠습니다. 소개장에는 OO이의 수련과정과 심사 시기, 체력수준 등이 상세히 적혀있으니 **나중에 다니게 될 도장 사범님에게 제출**하면 도장에 적응하는 데 많은 도움이 될 거예요! **(정보제공, 직접안내)**

💡 학원이 겹쳐 도장을 그만두어야 할 것 같아요.

A: 공부도 시기가 있기에 **어머님의 생각에 전적으로 동의합니다. (경청, 수용적 태도)** 그래도 **공부는 체력이 있어야 하기에** 방학 기간이나 학원적응이 어느 정도 되면 **언제든 다시 보내주세요.** 공부와 적절한 운동은 같이 해주면 오히려 OO이에게 좋을 거예요. **(반영, 정보제공)**

💡 태권도를 이젠 그만해도 될 것 같아요! (목표치 달성)

A: 태권도는 교육과정은 품·단에 따른 과정이 체계적이고, 다양한 단계별 기술로 이루어져 있어 기술 습득에 재미를 더 할 수 있을 겁니다. OO이와 한 번 더 논의해 보시는 건 어떨까요? **(직접적 안내, 설득)**
아무쪼록 저희와 OO이의 수련이 지속된다면 보다 신경을 써서 지도하도록 하겠습니다. **(진정성)**

💡 한 친구로 인해 태권도를 다니기 싫어해서 그만두려고요.

A: 지금 당장은 저희와 당사자 아이에게 많이 서운하시고, 화가 나시겠지만, **그 부분을 충분히 참고하여, 원만하게 해결을** 해보도록 하겠습니다. **(안심시키기)**
저희 도장에 믿음 주셔서 감사드리고, 다시 한 번 심려를 끼쳐드려 죄송합니다. 추후 이와 같은 일들이 발생하지 않도록 **각별한 관리와 신경 써서 교육**하도록 하겠습니다. **(진정성)**

KTA 태권도장 상담 매뉴얼
KTA Taekwondo Academy Counseling Manual

1장 참고문헌

강진형, 이종연, 유형근, 손현동(2009). 상담자 윤리. 서울: 학지사.

고영남, 박선영(2013). 상담심리의 이론과 적용. 파주: 양서원.

김병준, 임태희, 정문자 최중구(2013). KTA 태권도 인성교육. 서울: 애니빅,

노안영(2018). 상담심리학의 이론과 실제 2판. 서울: 학지사.

노안영, 송현종(2006). 상담실습자를 위한 상담의 원리와 기술. 서울: 학지사.

이주혜(2009). 양육쇼크 아이들에 대한 새로운 생각. 포 브론슨 & 애쉴리 메리먼 저. 서울: 물푸레.

정문자, 최중구, 김병준, 김윤희, 이종천(2015). 자존감을 키우는 태권도 코칭언어. 서울: 애니빅.

천성문, 차명정, 이형미, 류은영, 정은미, 김세경, 이영순(2015). 상담입문자를 위한 상담기법 연습. 서울: 학지사.

최웅용, 천성문, 김창대, 최한나(2005). 치료의 선물. 서울: 시그마프레스.

Douglas, C. (2005). Analytical psychotherapy. In R. J. Corsini & D. Wedding(Eds.), Current psychotherapies(7th ed.). Belmont, CA: Brooks/Cole.

Elis, A. (1973). Humanistic psychotherapy. New York: McGraw-Hill Book Company.

Glasser, W. (1998). Choice theory: A new psychology of personal freedom. New York: HarperCollins.

Greenberg, I. S. (2002). Emotion-focused therapy. New York: Guilford Press.

Hill, C. E. & O' Brien, K. M. (1999). Helping skills: Facilitating exploration, insight, and action. Washington, DC: American Psychological Association.

Rosemary, A. Thompson. 저(2007). 김춘경 역, (2007). 상담기법. 서울: 학지사.

메모 Memo

메모 Memo

메모 Memo

KTA 태권도장 상담 매뉴얼
KTA Taekwondo Academy Counseling Manual